《税理士・不動産鑑定士のための》

重要裁決事例に学ぶ

《相続税》

土地評価の実務

不動産鑑定士

小林 穂積

[特別の事情]と[時価鑑定]の争点

PROGRES
プログレス

はしがき

本書は,「国税不服審判所の裁決事例」のうち土地(底地を含む), 相続税法22条, 時価, 鑑定, 特別の事情をキーワードとする事例を抽出し, 要点をまとめ, それについてコメントを掲載したものです。国税不服審判所の公開事例はホームページで閲覧したとしても, 非公開事例を情報公開してまで見る人は少ないのではないでしょうか。過去に収集していた時価鑑定に絡む裁決事例に関心を持って頂きたい, もっと知って頂きたいという気持がつのり今日に至っております。

事例のうち何件かは評価通達によらず, 特段その合理性を疑わせるような点は認められないとして審判所は鑑定評価額を採用していますが, 大半の鑑定評価書は「取引事例比較法において事情補正が約50%ないし約65%の減額を行っている(100/190ないし100/298)ので, 試算価格としての合理性を欠く」,「…による減価を行う必要性は認められない」,「合理的に試算されたものとは認められない」,「取引事例の面積が本件土地の面積に比べて極めて小さく取引事例としての適正を欠く」とかの理由で, 本件鑑定評価額は時価を示すものではないとして審判所に否認されています。

事例をよく読んで頂ければお分かりと思いますが, 残念ながら不動産鑑定士の基本的なミス, 当初から無理かと思われるにもかかわらず時価鑑定をしているケースが多く見受けられます。それらの状況を知って頂きたいのです。知ることによって次の対策を立てることができます。

本書では紙面の許す限り, 難解な裁決書を詳細に, かつ分かりやすく抜粋したつもりです。評価通達によることが著しく不適当で,「特別の事情」がある場合はどのようなときなのか, また, 鑑定評価による時価評価を否認される場合はどのようなときなのかをご理解頂けるのではないかと思っています。

是非本書を活用して頂き, 不動産の時価に悩む多くの実務家のお役に立てれば幸いです。

最後に, 本書の発刊に当たっては株式会社プログレスの野々内邦夫様に大変お世話になりました。心から感謝申し上げます。

令和4年8月1日

小林穂積

目　　次

【1】請求人らが相続により取得した建物の価額は固定資産評価基準を基に評価通達に従って評価すべきであり，請求人の主張する不動産鑑定額には合理性が認められないとした事例

（平成31年2月20日採決・公開）

本件建物の概要　本件は，請求人らが相続により取得した建物およびその敷地について，不動産鑑定士による鑑定評価額等に基づき相続税の申告をしたところ，原処分庁が，相続財産の価額は，財産評価基本通達（以下，「評価通達」という）に基づく評価額によることが相当であるなどとして，相続税の更正処分等を行ったのに対し，請求人らが，当該評価額は時価を上回る違法があるとして，原処分の一部の取消しを求めた事案である。

本件建物は，昭和45年5月10日に建築された鉄骨・鉄筋コンクリート造地下1階付8階建の店舗・居宅（延床面積1,967.45㎡）であり，本件建物の状況等は，次のとおりである。

① 本件建物の地下1階および1階部分は，本件相続開始日において，貸店舗として利用されていた。なお，本件被相続人は，本件建物の地下1階部分についてはHと，また1階部分についてはJ社とそれぞれ賃貸借契約を締結しており，本件相続開始日において，賃料は月額合計51万円であった。

② 本件建物の2階ないし4階部分は，平成18年まで×××として利用されていたが，本件相続開始日においては何らの利用もされていなかった。

③ 本件建物の5階部分は，昭和60年頃までは△△△として利用されていたが，本件相続開始日においては何らの利用もされていなかった。

④ 本件建物の6階部分は，本件相続開始日において，本件被相続人および請求人の居宅として利用されていた。

⑤ 本件建物の7階および8階部分は，本件相続開始日において，電気設備等の機械室であった。

請求人は，本件相続に係る相続税（以下，「本件相続税」という）について，申告書の「申告」欄のとおり記載して，法定申告期限までに申告した。

請求人は，本件相続税の申告において，本件不動産の価額は，不動産鑑定士が作成した鑑定評価書（以下，「本件鑑定評価書」という）に基づく鑑定評価額（以下，

「本件鑑定評価額」という）であるとして，本件建物の解体除去を前提とし，その価額を考慮せず，本件土地の価額を1,565万6,000円（更地価格を8,565万6,000円とした上で，当該更地価格から本件建物の解体除去費用として7,000万円を差し引いた額）とした。

請求人の主張

(1) 本件建物の固定資産税評価額は本件建物の未償却残高と大きな乖離があり，平成6年度から本件相続開始日まで据え置かれ，その間の減価が全く反映されておらず，一般常識からかけ離れた評価がされている。また，本件建物は，2階より上階は居宅として利用せざるを得ない状況であるため，修繕や小型の電気機器を撤去しながら経済性を考慮しないで使用しているのが現状であるから，経済的な観点から再利用価値があるとはいえない。そして，本件鑑定評価額と評価通達の定めに従って評価した価額とに著しい乖離が存在する。したがって，本件建物を解体除去することを前提とする本件鑑定評価書に合理性はある。以上のとおり，本件建物の固定資産税評価額は正しく評価されたものではなく，本件鑑定評価書に合理性はあるから，本件建物の価額は本件鑑定評価額によるべきである。

(2) 上記のとおり，本件建物は，特殊な用途の建物であることや，法的に処理しなければならない有害物質を含んだ再利用価値のない建物であり，本件不動産の価格形成の際の阻害要因にしかならないことから，本件建物の解体除去費用が本件土地の価額に食い込むことも十分あり得る。また，本件鑑定評価額が本件建物を解体除去することを前提とするものであっても，本件鑑定評価書の評価手法に誤りはない。したがって，本件鑑定評価書に合理性はあり，本件土地の価額は，本件鑑定評価書に基づき更地価格から本件建物の解体除去費用を差し引いた額とすべきである。

(3) 本件鑑定評価書に基づいた本件不動産の価額（本件建物は零円，本件土地は1,565万6,000円のうち，本件被相続人の持分（2分の1）は782万8,000円）は，客観的交換価値を適正に評価したものと認められるから，評価通達の定めに従って評価した本件不動産の価額は時価を上回る違法がある。

原処分庁の主張

本件建物は，本件相続開始日において，その一部が貸店舗や本件被相続人等の居宅として利用されており，耐用年数が未経過であることに加え，原処分に係る調査担当職員が行った本件建物の現地確認によっても建物内外において建築後の経年によることを超えて著しく老朽化または損耗している事実は認められない。したがって，本件建物を解体除去することを前提とする本件鑑定評価書に合理性はないから，本件土地の価額は評価通達の定めに従って評価した価額によるべきである。

評価通達の定めに従って評価した本件不動産の価額（本件土地については5,275万4,619円のうち，本件被相続人の持分（2分の1）は2,637万7,309円）は，客観的交換価値を適正に評価したものと推認されるから，時価を上回る違法がない。

審判所の判断 本件鑑定評価書においては，本件不動産の最有効使用の判定に当たって，本件建物は大改修を行っても収益性の回復は困難であり，機能的・経済的観点から市場性が全く認められないため，解体除去が必要であると判断している。しかしながら，本件建物の地下1階および1階部分は貸店舗として，本件建物の6階部分は本件被相続人および請求人の居宅として利用されていたことからすると，本件相続開始日において，本件建物の○○以外の部分の多くが現に利用されていたことは明らかであるから，本件建物のうち少なくとも賃貸用および居住用に供されている部分については，相応の経済価値があったと認められる。

そうすると，本件鑑定評価書においては，本件不動産の最有効使用のためには本件建物の解体除去が必要であると判断しているが，不動産鑑定評価基準の総論第6章《地域分析及び個別分析》第2節《個別分析》のⅡ《個別分析の適用》の2《最有効使用の判定上の留意点》の(7)に定めるところの現実の本件建物の用途等を継続する場合の経済価値と本件建物を解体除去した場合の解体除去費用等を適切に勘案した経済価値との十分な比較考量がされているとは認め難く，本件不動産の最有効使用は鉄骨造2階建店舗・事務所およびその敷地であるとの判断に至った具体的根拠も示されていない。

したがって，本件鑑定評価書における本件不動産の最有効使用の判定は，直ちに合理性を有するものとは認められないから，本件不動産の最有効使用のためには本件建物の解体除去が必要であると判断した本件鑑定評価書に合理性があるとは認めるに足りない。

本件鑑定評価書においては，本件土地の更地価格から本件建物の解体除去費用を控除して本件鑑定評価額を決定している。しかしながら，本件不動産の最有効使用のためには本件建物の解体除去が必要であると判断した本件鑑定評価書に合理性があるとは認めるに足りない。したがって，本件土地の更地価格から本件建物の解体除去費用を控除した本件鑑定評価額は，本件不動産の時価を適正に評価したものであるとは認め難い。したがって，本件鑑定評価書に基づく請求人らの主張立証によって，評価通達の定めに従って評価した本件不動産の価額が時価であるとの事実上の推認を覆すには至らない。

上記のとおり，本件建物の解体除去を前提とした本件鑑定評価書に基づく請求人らの主張立証によって，評価通達の定めに従って評価した本件不動産の価額が時価であるとの事実上の推認を覆すには至らないものと認められる。また，本件建物について，固定資産評価基準が定める評価の方法によっては再建築費を適切に算定することができない特別の事情または固定資産評価基準が定める減点補正を超える減価を要する特別の事情があるとは認められないことから，固定資産評価基準に従って決定した本件建物の固定資産税評価額が適正な時価であると推認される。したがって，評価通達の定めに従って評価した本件不動産の価額は，相続税法第22条に規定する時価として相当なものであるというべきである。

請求人らは，本件建物は，本件鑑定評価額と評価通達の定めに従って評価した価額とに著しい乖離が存在する旨主張する。しかしながら，本件鑑定評価書における本件不動産の最有効使用の判定は直ちに合理性を有するものとは認められず，また，本件建物の価額は，評価通達89の定めに従って評価した価額が相続税法第22条に規定する時価として相当なものであるというべきである。したがって，請求人らの主張は採用できない。

当審判所において，評価通達の定めに従って本件土地の価額を算定すると，次のとおりである。

原処分庁が本件土地の価額を算定する際に行った端数計算を補正して本件土地の本件被相続人の持分（2分の1）の価額を算定すると，2,637万7,372円となる。

コメント　本件は，本件土地の更地価格から本件建物の解体除去費用を控除して本件鑑定評価額を決めているが，その妥当性が問われている事例である。

本件不動産の最有効使用のためには建物の解体除去が必要であると判断する理由が妥当なものであるかを見極めることは難しいと言わざるを得ない。

なぜなら，審判所が指摘するように，不動産鑑定評価基準に記載の如く，建物が現状のままでの価値と建物を解体除去した場合の費用等を考慮した価値とを比較検討して経済合理性がどちらにあるかを決める必要があるからである。本事例では，本件鑑定評価書にその記載がないという。となると，本件鑑定評価書の採用は難しいと言わざるを得ないと審判所は判断した。建物の解体除去を前提とした鑑定評価の難しさがここにあると言わざるを得ない。

【参考①】

特に，建物及びその敷地の最有効使用の判定に当たっては，次の事項に留意すべきである。

⑹　現実の建物の用途等が更地としての最有効使用に一致していない場合には，更地としての最有効使用を実現するために要する費用等を勘案する必要があるため，建物及びその敷地と更地の最有効使用の内容が必ずしも一致するものではないこと。

⑺　現実の建物の用途等を継続する場合の経済価値と建物の取壊しや用途変更等を行う場合のそれらに要する費用等を適切に勘案した経済価値を十分比較考量すること。

（不動産鑑定評価基準［総論］第6章第2節Ⅱ 2.）

【参考②】

②　建物及びその敷地の最有効使用の判定に当たっての留意点

最有効使用の観点から現実の建物の取壊しや用途変更等を想定する場合において，それらに要する費用等を勘案した経済価値と当該建物の用途等を継続する場合の経済価値とを比較考量するに当たっては，特に下記の内容に留意すべきである。

ア　物理的，法的にみた当該建物の取壊し，用途変更等の実現の可能性

イ　建物の取壊し，用途変更等を行った後における対象不動産の競争力の程度等を踏まえた収益の変動予測の不確実性及び取壊し，用途変更に要する期間中の逸失利益の程度

（不動産鑑定評価基準運用上の留意事項）

【参考③】

建物及びその敷地は，既に建物等が存することにより特定の用途に供されており，

その制約下にあるため，当該不動産の最有効使用の判定に当たっては，用途の多様性を前提として分析可能な土地の場合と異なり，現実の建物の用途等が経済的にみて合理的であるか否かに主として着目して，用途の変更などの要否を検討する必要がある。すなわち，追加投資を行って建物の取壊しや用途変更等を行うことが物理的，法的に実現可能であり，かつ，費用対効果の観点からみて合理的であると認められる場合（この場合，追加投資を行って変更した使用方法が最有効使用となる。）があることを踏まえ，現実の建物の用途等を継続する場合の経済価値と当該建物の取壊しや用途変更等を行う場合のそれらに要する費用等を適切に勘案した経済価値を十分に比較考量し，最も高い経済価値を実現できる使用方法が最有効使用となる。

この場合，物理的，法的にみた建物の取壊し，用途変更等の実現可能性を検討することのほか，建物の取壊しや用途変更等を行った後における対象不動産について，地域要因及び個別的要因の分析を結果として把握された市場競争力の程度等を踏まえて収益予測を適切に行うとともに，単に建物の取壊しや用途変更等に係る工事費のみならず，例えば，工事期間中の当該不動産を使用できないことによる逸失利益の程度，賃貸用不動産の場合における賃借人の立ち退きや新たな賃借人を募集するための費用の程度などにも留意すべきである。その結果，これらの費用や将来における市場変動の危険性などに応じた十分な効果があると認められる場合には，追加投資を行って変更した使用方法が最有効使用となる。

【建物及びその敷地の最有効使用の判定】

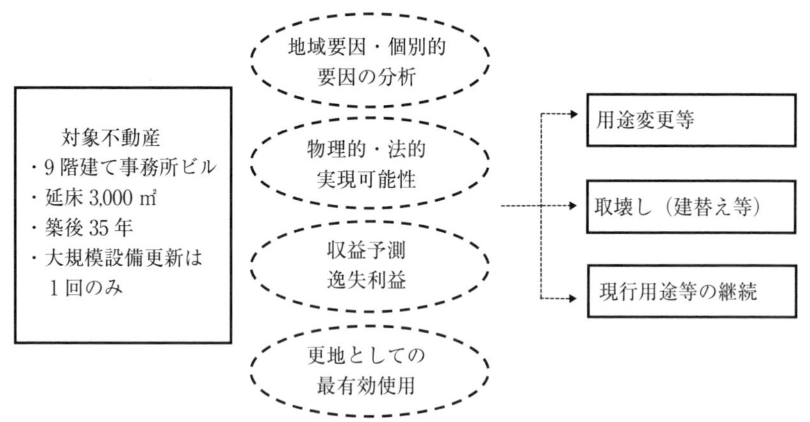

上の図は，建物及びその敷地の最有効使用の判定の例を記載したものである。この例のように，対象不動産が事務所ビルでその敷地の更地としての最有効使用がマンションの敷地と判定できるような場合，当該不動産の最有効使用はマンションに用途変更，取壊し（マンションに建替え），現行用途等（事務所）の継続などから最も高い経済価値を実現できる使用方法となるが，この例における現行用途等（事

務所）の継続が最有効使用と判定される場合のように，現実の建物の用途等が更地としての最有効使用に一致していない場合には，建物及びその敷地と更地の最有効使用の内容が必ずしも一致するものではないことに留意する必要がある。

（『要説不動産鑑定評価基準と価格等調査ガイドライン』住宅新報社刊）

【2】原処分庁の主張する広大地評価により求めた価額よりも，請求人の主張する鑑定評価額が相当と認められるとした事例

(大裁(諸)平11第105号・平成12年4月18日)

本件土地の概要　本件土地は，県道沿いに店舗，住宅，駐車場および田等が混在する地域に位置し，間口約43.9m，奥行約67.5mの長方形をした地積2,954㎡の中間画地である。本件土地は粗造成地で，その地盤面は若干の凹凸はあるものの，全体的には平坦で道路とほぼ等高である。

当該地域の標準的な使用は店舗であるが，最有効使用は本件土地が店舗の標準的地積より相当に大きいので，細分割して幹線道路沿いは店舗，それ以外の部分は住宅の敷地として利用するのが妥当である。

請求人の主張　原処分は，次の理由により違法であるから，その一部の取消しを求める。

本件土地の自用地の価額は，不動産鑑定士の鑑定評価額とすべきである。本件鑑定評価額は，請求人と利害関係のない不動産鑑定の専門家である不動産鑑定士が鑑定した価額であり，客観的な時価を表しているものである。

原処分庁は評価通達に基づき算定しているが，この価額は客観的な時価を表している本件鑑定評価額を上回っている。

原処分庁の主張　原処分は，次の理由により適法であるから，審査請求を棄却するとの裁決を求める。

請求人は，本件土地の価額は本件鑑定評価額に基づいて評価すべきである旨主張するが，次の通り，本件鑑定評価額はその妥当性に疑問があり採用することができない。

① 本件鑑定評価額は，比較方式，収益方式および開発法による試算価格を加重平均して決定しているが，開発法による試算価格は，原価方式，比較方式および収益方式の三方式により求められた鑑定評価額と比較考量するものであり，鑑定評価額の直接の算定根拠とはならないから，開発法による試算価格をも含めて加重平均して求めた本件鑑定評価額は適正な価額とは認められない。

② 比較方式における取引事例価格の地域要因格差修正において，画地条件に対応する地域要因，その他の条件を取引事例2ではマイナス20ポイント，

取引事例3ではマイナス23ポイントの格差をつけているが，その根拠が明らかにされていない。

審判所の判断 (1) 本件土地の自用地を路線価により評価した原処分庁額について検討する。

原処分庁は，本件土地の自用地の評価に当たっては，路線価を基に評価通達24-4の定める補正を行い評価しており，その価額は本件土地の相続開始時点の時価を上回っていない旨主張する。広大地の評価は，路線価を基に，原則として評価通達24-4の定める補正を行い評価するにしても，本件土地は，県道沿いに店舗，住宅，駐車場および田等が混在する地域に位置し，幅員約9mの県道に面するという立地条件から，その標準的な用途は店舗の敷地としての使用であると認められるが，他方，間口約43.9m，奥行約67.5mの長方形をした2,954㎡という対象地の地積が当該地域の店舗の標準的地積より相当大きいため，その最有効使用は，細分割の上，県道沿いの画地を店舗の敷地とし，それ以外の部分については住宅の敷地として利用するのが最も妥当であることが認められる。しかしながら，原処分庁が想定した16画地の住宅地のうち県道に接しているのは3画地のみであり，他の13画地は県道に接していないにもかかわらず，原処分庁は16画地すべてが県道に接しているものとした価格で本件土地の自用地の価額を算定していることから，原処分庁主張額は，本件土地の自用地の価額を過大に評価したものと言わざるを得ず，本件土地全体の客観的な交換価値を示す価額とは言い難い。

(2) 原処分庁は，本件鑑定評価額の決定において，公示価格等を規準としていないことについて合理的な理由があるとは認められない旨主張する。しかしながら，本件土地の面積が2,954㎡という相当広大なものであるのに対し，本件公示地の面積は○○○㎡しかなく，他に本件土地と類似する利用価値を有すると認められる公示地も存在しないことから，本件鑑定評価額の決定において公示価格等を規準としなかったもので，そのことについて合理的な理由がないとまでは言えず，原処分庁の主張は採用できない。

(3) 原処分庁は，開発法による試算価格をも含め加重平均して求められた本件鑑定評価額は適正な価額とは認められず，また，比較方式による取引事例価格の地域要因修正における根拠も明確でない旨主張する。しかしながら，不動産鑑定評価基準は，「原則として，原価方式，比較方式及び収益方式の三方式を併用すべきであり」，あるいは，各評価手法による試算価格を「相互に関連づけることにより行わなければならない。」としており，この基準は，本件鑑定書のように，各評価手法の評価の適正や評価の精度を考慮した上で，加重平均して価格を決定することを肯定していると解される。

⑷　本件鑑定書では，本件土地の面積が近隣地域の標準的な土地の面積に比べて大きいことから分割利用することが最有効使用と判断し，取引事例比較法による比準価格，土地残余法による収益価格および開発法による試算価格をそれぞれ比較考量し，比準価格を100，収益価格および開発法による試算価格をそれぞれ20とする加重平均を行っているが，当審判所の現地調査等によっても，この加重平均は相当なものであり，これに基づき算定された本件鑑定評価額は適正な価額であると認められ，また，比較方式による本件土地と取引事例の地域要因格差修正等も的確に行われていることが認められることから，原処分庁の主張を採用することはできない。

⑸　以上のとおり，本件土地の自用地の評価額として算定された本件鑑定評価額3億5,448万円は，合理的かつ適正に算定されており，本件土地の自用地の客観的な交換価値を示す価額として相当なものと認められる。

コメント　本件土地は2,954㎡という規模の大きな宅地であること，店舗等が建ち並ぶ県道沿いの路線商業地域に存するも，県道より奥に入れば住宅が建ち並ぶ地域に存する土地であるという特長がある。

原処分庁は本件土地の時価は評価通達24-4の広大地評価によって求めたが，請求人側は，県道沿いの土地は店舗，それ以外の奥の土地は戸建分譲住宅が最有効使用と判定し，土地の開発図面を作成し，不動産鑑定士による時価鑑定を行った結果，審判所はそれを認めた。

土地の区画形質の変更を行って宅地開発をするには造成費用がかさむが，通達で定められた補正率では足りないためその不足分を当然に時価に反映させた結果，評価通達に基づいた価額よりも時価が下がった。したがって，本件鑑定評価額は合理的かつ適正に算定されているので本件土地の自用地の価額として相当であると認められた。

【3】相続税評価額は審判所が算定した時価を上回っているので，審判所が算定した価額を本件土地の価額とするのが相当であるとした事例

（平成9年12月11日裁決・公開）

本件土地の概要 本件は，相続により取得した本件土地の評価額の多寡を争点とする事案である。

本件土地は，間口約10m，地積214,269㎡で，都市計画法第8条《地域地区》に規定する用途地域（以下，「用途地域」という）の商業地域に区分される。

請求人の主張 原処分は次の理由により違法であるから，その全部の取消しを求める。

本件土地の時価が異常に下落しているため，不動産鑑定士に本件土地の評価を依頼したところ，その鑑定により証明された時価があまりに低いため，再度確認した結果誤りがないことを確信したものであり，国家資格を有する不動産評価の専門家である不動産鑑定士の鑑定評価額は何より権威のあるものであるから，本件土地の相続税法第22条《評価の原則》に規定する時価は請求人鑑定評価額を採用すべきであり，その時価が相続税評価額を下回っていることは明白であるから，原処分庁は，本件課税時期において本件土地の時価が相続税評価額を下回っているという事実を誤認したものである。

本件土地の価額は1年間均等に下落したものではなく，本件課税時期から売却時点までの5か月間下落した価額のまま推移してきたからこそ本件土地を売却できたもので，本件課税時期においても売却時点の価額と変わらないはずであるから，原処分庁は時価の下落についての事実を誤認しているものである。

原処分庁の主張 原処分庁が不動産鑑定士に依頼した価格時点である本件課税時期の本件土地の更地としての鑑定評価額（以下，「原処分庁鑑定評価額」という）および路線価に評価通達に定める補正率を適用して求めた更地としての価額（以下，「本件更地価額」という）は，表1のとおりである。

これらを比較すると，原処分庁鑑定評価額は，いずれも本件土地の本件更地価額22億519万2,267円を上回っており，かつ，表2のとおり，原処分庁鑑定評価額を基に評価通達に基づく減額割合を乗じて算出した本件土地の価額19億

表１　原処分庁鑑定評価額および本件土地価額

原処分庁鑑定評価額		本件土地価額	
11,700,000 円／㎡	2,507,000,000 円	10,291,700 円／㎡	2,205,192,267 円

表２　原処分庁鑑定評価額を基とした価額と相続税評価額

原処分庁鑑定評価額を基とした価額				⑤相続税評価額
①１㎡当たりの価額	②地　積	③評価通達に基づく減額割合	④本件土地の価額（①×②×③）	
11,700,000 円	214,269 ㎡	0.76	1,905,279,948 円	1,675,946,122 円

表３　時点修正売買価額

①売買価額	②時点修正率	③時点修正売買価額（①×②）
1,419,804,673 円	1.13	1,604,379,280 円

（注）　時点修正率 $= 1 \div \left[1 - \left(1 - \frac{\text{(b)}\ 9{,}400{,}000\text{円}}{\text{(a)}\ 13{,}000{,}000\text{円}}\right) \times \frac{5}{12}\right] = 1.13$

なお，(a) および (b) はそれぞれ平成４年７月１日および平成５年７月１日の本件基準地価格である。

527 万 9,948 円は，いずれも本件土地の相続税評価額 16 億 7,594 万 6,122 円を上回っている。

原処分は次の理由により違法であるから審査請求を棄却するとの裁決を求める。

原処分庁鑑定評価額 25 億 700 万円は，本件土地の本件更地価額 22 億 519 万 2,267 円を上回っており，かつ，原処分庁鑑定評価額を基に評価通達に基づく減価割合を乗じて算出した本件土地の価額 19 億 527 万 9,948 円は，本件土地の相続税評価額 16 億 7,594 万 6,122 円を上回っている。

本件土地については，本件課税時期の約５か月後実際に売買された事実があり，当該売買の時期と本件課税時期との期間が短いことから，その売買価額を本件課税時期に時点修正した価額を相続税法第 22 条に規定する時価として採用すべきものと認められ，その時点修正は，本件土地の近隣地域内の基準地を基に行うのが合理的であるから，本件土地の価額は，本件土地の近隣地域内にある基準地（以下，「本件基準地」という）の基準地価格を基に時点修正率を計算し，当該売買価額にこれを乗じて算定した価額（以下，「時点修正売買価額」という）とするのが相当であり，その価額は表３のとおり16億437万9,280円となる。

審判所の判断 次のことについては，請求人らおよび原処分庁の双方に争いはなく，当審判所の調査によってもその事実が認められる。

① 本件土地は，間口約10m，地積214,269㎡で，都市計画法第８条《地域地区》に規定する用途地域が商業地域に区分される。本件土地は貸家建付地である。

② 請求人は，本件申告書において，本件土地の価額を評価通達に基づき16億7,594万6,122円と算定し，租税特別措置法第69条の３《小規模宅地等についての相続税の課税価格の計算の特例》に規定する特例（以下，「小規模宅地等の特例」という）を適用して５億8,090万9,244円であるとして申告したこと。

③ 請求人の提出資料および原処分関係資料によれば，請求人らは，本件土地の価額は請求人鑑定評価額に基づき13億9,270万円であるとして，本件更正の請求をしたことが認められること。

④ 本件土地については，本件課税時期の約５か月後である平成５年１月29日付で，売主をF，買主をH，売買価額を14億1,980万4,673円とする売買契約書が作成されていること，およびFは本件土地の売買価額を同額とする譲渡所得の確定申告をしていること。

⑤ 原処分庁は，本件課税時期現在の本件土地の価額はいずれも本件申告書に記載されている相続税評価額を上回っており，相続税評価額を下回るような特別の事情があるとは認められず，本件土地の価額は評価通達に基づいて評価するのが相当てあるとして，本件通知処分をしたこと。

⑥ 請求人鑑定書は，請求人鑑定評価額を大要次のとおり決定していること。すなわち，対象不動産は「建付地」としての評価で，取引事例比較法に基づく標準画地の比準価格（取引事例の取引価格から比準した価格をいう）を１㎡当たり850万円と評定し，貸家建付地であるという個別的要因の格差修正率を国税局財産評価基準による借家権割合および慣行借家権割合を考慮してマイナス20%とし，収益価格をも比較考量し，１㎡当たり650万円と査定し，総額13億9,270万円と決定した。

納税者が更正の請求をする場合，(イ)国税通則法第23条《更正の請求》第３項では，更正の請求をしようとする者は，更正請求書に，更正前の課税標準等または税額等および当該更正後の課税標準等または税額等，その更正の請求をする理由，当該請求をするに至った事情の詳細を記載するものとしており，また，(ロ)国税通則法施行令第６条《更正の請求》第２項では，その更正の請求をする理由の基礎となる事実が一定期間の取引に関するものであるときは，その取引の記録等に基づいて，その理由の基礎となる事実を証明する書類を添付するものとしているところであって，これらの規定は，更正の請求をする者が，まず，自ら記載した申告内容が真実に反するものであることを主張・立証すべきである旨を定めたものであると解される。

これを本件審査請求についてみると，本件土地の価額について，請求人らは，本件申告書において上記のとおり評価して申告し，次いで請求人鑑定評価額に基づき本件更正の請求をしたのに対し，原処分庁は，上記のとおり本件通知処分をしたのであるから，請求人は，本件課税時期における本件土地の価額が上記の価額を下回ることを主張・立証することを要すると解すべきである。

請求人は，本件土地の価額は請求人鑑定評価額によるべきである旨主張し，請求人鑑定書でその立証をしているので，その適否について検討したところ，次のとおりである。

当審判所の調査によれば，取引事例比較法に採用された４件の取引事例のうち，(イ)請求人鑑定書の本件土地に係る取引事例１については，間口が約4.5ｍ，地積が84.23㎡と標準画地に比べて狭小な物件と認められるにもかかわらず標準化補正がされていないこと，および地域要因の格差補正に当たり，環境条件の比較において高度利用の状態が10ポイント優れているとしているが，土地価格比準表では，その格差補正は最大４ポイントとしていることから，その補正の内容には疑問があること，(ロ)請求人鑑定書の本件土地に係る取引事例２については，地域要因の格差補正に係る交通・接近条件の最寄駅の接近性・性格が10ポイント劣っているとしているが，そのような格差を具体的に査定した基準となる資料の提出がなく，土地価格比準表の格差補正は最大４ポイントとしていることから，その補正の内容には疑問があること，(ハ)本件土地に係る取引事例３については，地積が49.58㎡と標準画地に比べて狭小な物件と認められるにもかかわらず，標準化補正がされていないこと，および借地権の取引事例であるにもかかわらず，この点に関する補正がされていないこと，ならびに(ニ)取引事例１ないし取引事例３の所在地はいずれも本件土地とは最寄り駅が異なっており，本件土地と同一の需給圏に存するとは認められないことから，これらの取引事例は，本件土地の価額を算定するための比準対象としては不適切なものと認められる。

請求人鑑定書では，貸家建付地の価額の算定に当たって，個別的要因の格差修正率をマイナス20%と判断しているが，その根拠が不明であり，また，算定した基準となる資料の提出がなく，その適否を判断することができない。

以上のとおり，請求人鑑定評価額には種々の不的確な点が認められることから，請求人鑑定評価額は本件課税時期における本件土地の相続税法第22条に規定する時価を表しているものとは認められない。したがって，請求人の主張・立証をもって，自ら記載した申告内容が真実に反するものであること，および本件土地の価額（時価）が路線価を下回ることが立証されたことにはならないといわざるを得ない。

原処分庁は，原処分庁鑑定評価額はいずれも本件土地の本件更地価額を上回っており，かつ，表2に記載したとおり，原処分庁鑑定評価額を基に評価通達に基づく減額割合を乗じて算出した本件土地の価額は，いずれも本件土地の相続税評価額を上回っている旨主張する。しかしながら，原処分庁から提出された鑑定評価書の写しには，その鑑定を行った不動産鑑定士の氏名が明らかにされていないところ，一般的にこのような証明書等の書類は，誰がどのような立場で作成したかが重要であると考えられることから，原処分庁が提出した鑑定評価書の写しを，本件土地の時価を証明する証拠資料として採用することはできない。したがって，この点に関する原処分庁の主張は採用することができない。

そこで，当審判所において，本件土地と同一の用途地域内にある取引事例等を抽出し，これらの現地確認を行い，土地価格比準表に準じて地域要因および個別的要因の格差補正を行い，本件課税時期における本件土地の価額を算定したところ，次のとおりである。

本件土地は貸家建付地であり，請求人鑑定書の個別的要因の格差修正率には根拠がなく，評価通達は，課税の公平を図るために，経験則または売買実例や精通者の意見価格等を基にして評価すべき財産の実態に則した具体的な評価方法を定めており，本件土地の貸家建付地としての減額割合を評価通達に基づくマイナス24%として算定することに特に不相当であるとする理由は認められない。そうすると，本件土地の貸家建付地としての価額は，次のとおり算定される。

［自用地とした場合の価額］2,637,085,719円×（［借地権割合］1 － 0.8 × ［借家権

割合〕0.3）＝〔貸家建付地としての価額〕2,004,185,146円

評価通達を定めている趣旨等は，その土地の価額が評価通達に基づく画一的な評価方式による相続税評価額を下回らない限りにおいて，課税実務上，土地の価額は相続税評価額によることとされている。そうすると，このような課税実務の下では，各納税者間の課税の公平の面からも，本件土地については，その価額を相続税評価額を超える価額とするのは適当ではなく，相続税評価額をその土地の価額とするのが相当である。したがって，本件土地の価額を上記式で算定された価額とするのは相当ではなく，請求人が本件申告書に記載した本件土地の相続税評価額を16億7,594万6,122円と算定していることに誤りも認められないから，本件土地の価額を16億7,594万6,122円とするのが相当である。

また，原処分庁は，本件土地については本件課税時期の約5か月後に実際に売買された事実があり，当該売買の時期と本件課税時期との期間が短いことから，その売買価額を本件課税時期に時点修正した価額を本件土地の価額とすべき旨，一方，請求人は，本件土地の価額は本件課税時期においても売却時点の価額と変わらないはずであり，原処分庁が採用した本件土地の価額の算定方法は地価の下落についての事実誤認がある旨主張する。

しかしながら，当審判所が採用した本件土地の価額の算定方法は，上記で示したとおり，本件土地の同一の用途地域内の取引事例の価格および基準地価格を基に土地価格比準表に準じて比準価格および規準価格を求めるなど客観性および合理性が極めて高いものとなっており，これと異なる原処分庁および請求人らの主張する算定方法は，本件土地の価額の算定方法としては適当ではないから，この点に関する原処分庁および請求人らいずれの主張も採用することはできない。

コメント　請求人鑑定書について，審判所から指摘を受けた箇所は下記の通りである。

① 取引事例1は，標準画地に比べて狭小な物件なのに標準化補正がされていない。

② 取引事例1，2の地域格差補正の内容に疑問がある。

③ 請求人鑑定書において貸家建付地の価額を求めるに際し個別的要因の

修正率に対する根拠の説明が不十分である。

したがって，請求人評価額は相続税法第 22 条の時価とは認められないと審判所は判断した。

鑑定書は不動産鑑定士の判断であり，また意見をとりまとめたものであるから，疑問等には十分な対応が必要であるが，本事案においては十分な説明がなかったようである。

鑑定評価額を試算した折に，鑑定書全体を検証しているはずで，上記の内容については当人はうすうす分かっていたか，見過ごしていたのではないかと思われる。難しいことをしているのではなく，不動産鑑定士としては基本的なことなので，上記①～③の内容が分かれば修正をするか，事例の差替えの必要があるか否かの検証をすべきである。場合によっては，請求人鑑定書は争いの場に出る可能性があることを十二分に理解するべきである。

原処分庁鑑定書には，鑑定を行った不動産鑑定士の氏名のサインがないという。不動産鑑定士に対する信頼を落とす結果となった。残念なことである。

【4】請求人は相続時の時価は鑑定評価額によるべきと主張するが，請求人の鑑定評価額は開発法のみにより算定されているので，不動産鑑定評価基準に準拠して算定されたものとは認められないとした事例

（東裁(諸)平17第80号・平成17年12月15日）

本件土地の概要 本件土地は，最寄駅から約950m（道路距離）に位置する間口41m，奥行78m，長方形で二方路に接面する3,178.83㎡の土地である。一方は7.8mの区道に40.79m，他方は2.7mの区道に39.4m接面する。第1種低層住居専用地域（建ぺい率50％・容積率100％）に存する。本件土地所在地域においては昭和54年以降，開発されている2,000㎡以上の土地はすべてマンション敷地になっている。

請求人の主張 本件土地の価額は次のとおり本件鑑定評価額によるべきであるから，本件各更正処分の全部の取消しを求める。

⑴　不動産鑑定評価基準において，面積が近隣地域の標準的な土地の面積に比べて大きい場合等の更地の鑑定評価額は，取引事例比較法に基づく比準価格，土地残余法による収益価格を関連付けて決定した価格にさらに開発法により算定した価格を比較考量して決定するものとする旨規定されているが，開発法は標準的な画地の評価方法とは明らかに違うことから，開発法により算定した価格を中心に考えることが重要であると解釈することができる。

⑵　次のとおり，原処分庁の評価通達の解釈および適用には明らかな誤りがあるので，原処分庁評価額に合理性はない。

①　本件鑑定評価額は不動産鑑定評価基準に準拠し適正に算定された価額であるから，相続税法第22条に規定する時価として妥当である。

②　本件鑑定評価額は，本件土地の最有効使用，需要者の利潤最大化を前提に算定したものであるが，実際の分譲単価に基づいて検証した7億7,700万円とも近似していることから，市場性を反映した適正な価格と証明される。

③　また，原処分庁は，本件鑑定評価額が，不動産鑑定評価基準に定められた手法のうち，開発法のみを採用して本件土地の価額を算定し，取引事例比較法による比準価格および土地残余法による収益価格からの検証が行われてい

ないことから，不動産鑑定評価基準に準拠して作成されたものとはいえないので，本件土地の時価を算定したものとしては客観性に欠けるとの主張をしているが，鑑定評価の実務を知悉していないと言わざるを得ない。

④　しかしながら，原処分庁は，マンション敷地か否かの判断基準としていない面積のみを判断基準として，本件土地をマンション敷地と認定し，判断基準の一つとされている容積率については何ら判断要素として触れていない。このような状況下で，本件土地をマンション敷地と認定することは明らかな判断誤りである。したがって，本件土地の評価に際し，評価通達によって評価額を算定する方法を採用している原処分庁は，少なくとも改正前広大地通達を適用して評価すべきである。

原処分庁の主張　原処分は次の理由により適法であるから，本件審査請求をいずれも棄却するとの裁決を求める。

①　本件鑑定評価額は不動産鑑定評価基準に定められた鑑定評価の手法のうち開発法のみを採用し，取引事例比較法および収益還元法による検証が行われておらず，不動産鑑定評価基準に準拠して算定した価額とはいえないので，本件相続開始日における本件土地の時価（客観的な交換価値）を適切に示しているとは認められない。

②　本件土地に係る相続税評価額を算定すると，8億6,620万7,547円（以下,「原処分庁評価額」という）となる。本件土地の近隣の地域で，2,000m以上の土地について，戸建住宅の敷地として開発された事例は，相続開始前10年間で1件もなく，すべてマンション敷地として開発されており，本件土地の面積は3,178.83㎡であるので，本件土地の最有効使用の方法はマンション敷地であること，および現に相続開始後，本件土地上にはマンションが建設され，公共・公益的施設用地の負担はないことから，本件土地は広大地に該当せず，評価通達24-4（以下,「改正前広大地通達」という）の定めの適用はない。

審判所の判断　請求人ら提出資料，原処分関係資料および当審判所の調査によれば，次の事実が認められる。

すなわち，本件土地の所在する地域（以下,「本件土地所在地域」という）は，戸建住宅が建ち並ぶなかにマンションが混在し，駐車場，畑などの空閑地も多く見られる住宅地域である。本件土地所在地域において，昭和54年以降，開発されている2,000㎡以上の土地はすべてマンション敷地となっている。また，同じく1,000㎡から2,000㎡までの土地については，約1,000㎡の土地が1件戸建住宅の敷地となっており，他はマンション敷地となっている。

(1) 財産の価額について相続税法第22条に規定する時価とは，当該財産の取得の時において，それぞれの財産の現況に応じ，不特定多数の当事者間で自由な取引が行われる場合に通常成立すると認められる価額，すなわち客観的な交換価値をいうものと解される。しかしながら，相続税の課税の対象となる財産は多種多様であることから，課税の公平，公正の観点から，国税庁は，財産評価の一般的基準である各種財産の時価の評価に関する原則およびその具体的方法等を評価通達に定め，その取扱いを統一するとともに，これを公開し，納税者の申告，納税の便に供している。このような画一的な評価方法が採られているのは，各種の財産の客観的な交換価値を適正に把握することは必ずしも容易なことではなく，これを個別に評価する方法を採ると，その評価方法，基礎資料の選択の仕方等により評価額に格差が生じることを避け難く，また，課税庁の事務負担が重くなり，課税事務の迅速な処理が困難となるおそれがあることなどから，あらかじめ定められた評価方法により画一的に評価する方が，納税者間の公平，納税者の便宜，徴税費用の節減という見地からみて，合理性があるという理由に基づくものと解される。したがって，評価通達に基づき評価した相続財産の価額（相続税評価額）が，相続開始時におけるその財産の時価を上回っているような特別の事情がない限り，評価通達に基づき評価する方法には合理性があると認められる。そこで，本件土地の相続税評価額がその時価を上回るか否かを審理したところ，土地の相続税評価額は9億150万293円である。

(2) 不動産鑑定評価基準は，不動産鑑定士等が不動産の鑑定評価を行うに当たっての拠り所となる統一的基準であるところ，同基準によれば，更地の鑑定評価額については，更地ならびに自用の建物及びその敷地の取引事例に基づく比準価格ならびに土地残余法による収益価格を関連づけて決定するものとし，再調達原価が把握できる場合には，積算価格をも関連づけて決定すべきであり，当該更地の面積が近隣地域の標準的な土地の面積に比べて大きい場合等においては，さらに開発法に基づき算定した価格を比較考量して決定するものとする旨定めている。しかし，本件鑑定評価額は，上記のとおり，開発法のみに基づき決定されており，取引事例比較法等の他の手法から算定された比準価格等との比較考量がなされていない。したがって，本件鑑定評価額の決定においては，不動産鑑定評価

表１　原処分庁による本件土地に係る相続税評価額の算定

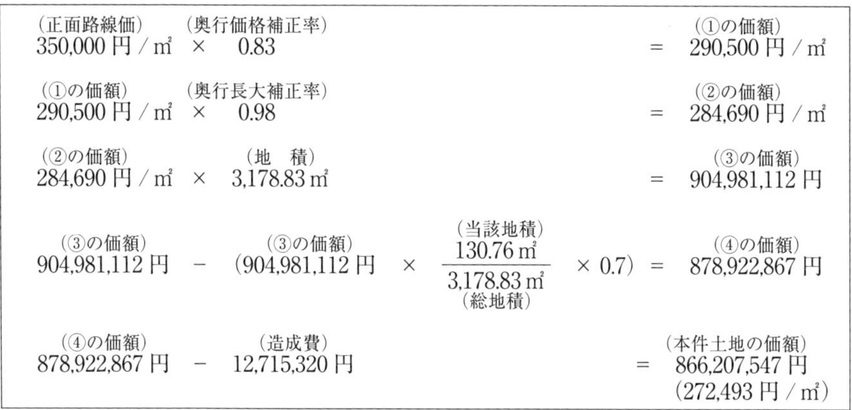
（正面路線価）350,000円／㎡ ×（奥行価格補正率）0.83 ＝（①の価額）290,500円／㎡

（①の価額）290,500円／㎡ ×（奥行長大補正率）0.98 ＝（②の価額）284,690円／㎡

（②の価額）284,690円／㎡ ×（地　積）3,178.83㎡ ＝（③の価額）904,981,112円

（③の価額）904,981,112円 －（（③の価額）904,981,112円 × （当該地積）130.76㎡ ／ 3,178.83㎡（総地積） × 0.7）＝（④の価額）878,922,867円

（④の価額）878,922,867円 －（造成費）12,715,320円 ＝（本件土地の価額）866,207,547円（272,493円／㎡）

表２　本件土地の鑑定評価額

区　分 ＼ 項　目		価　格
①	戸建開発法による価格	787,000,000円
②	マンション開発法による価格	790,000,000円
本件土地の鑑定評価額（②の価格）		790,000,000円

表３　審判所における本件土地に係る相続税評価額の算定

（正面路線価）350,000円／㎡ ×（奥行価格補正率）0.83 ＝（①の価額）290,500円／㎡

（①の価額）290,500円／㎡ ×（不整形地補正率）0.99 ＝（②の価額）287,595円／㎡

（②の価額）287,595円／㎡ ×（地　積）3,178.83㎡ ＝（③の価額）914,215,613円

（③の価額）914,215,613円／㎡ －（造成費）12,715,320円 ＝（本件土地の価額）901,500,293円（283,594円／㎡）

基準における手法を尽くしていないこととなる。

また，戸建開発法およびマンション開発法により求められる価格は，採用する投下資本収益率および予想販売収入ならびにこれらの金額等を基礎として見積もられた販売費及び一般管理費の割合によって，その求められる価格は異なることとなる。したがって，採用した投下資本収益率などの数値に妥当性があるか否かを検討する意味からも，取引事例比較法等の他の手法から算定された比準価格等によって，開発法により求められた価格の検証が必要になるものと認められる。

以上のことから，本件鑑定評価額に合理性があるとは認められず，本件鑑定評価額は，本件相続開始日における適正な時価を示しているとは認められない。

上記から，請求人の本件鑑定評価額および原処分庁の本件土地売買相当額は，本件土地の本件相続開始日における時価を適正に表す金額として採用できないので，当審判所において，本件土地の時価を算定すると次のとおりである。

① 当審判所の調査によれば，本件土地所在地域およびその周辺地域において，本件土地と規模，形状および地域の状況等の条件が類似し，かつ，マンション敷地として取引された事例が2件存在し，これらの取引事例は，譲渡人と譲受人との間に特別な利害関係があったとは認められないことから，これらの取引事例に係る価格は，不特定多数の当事者間で自由な取引が行われる場合に通常成立する価額（時価）であると認められる。

② 取引事例の取引価格について，土地価格比準表に基づき時点修正，標準化補正，地域格差および個別格差の各補正を行うと，33万4,077円／㎡となり，これに本件土地の地積3,178.83㎡を乗じると，本件相続開始日における本件土地の時価は10億6,197万3,989円と算定される。

③ 以上のことから，本件土地は，その相続税評価額9億150万293円が相続開始時における時価10億6,197万3,989円を上回っているような特別の事情があるとは認められないので，本件土地の相続税の課税価格に算入される価額は，相続税評価額によって評価することが相当であると認められる。

④ 本件土地については，相続税評価額が相続開始時における時価を上回っているような特別の事情があることは認められず，また，相続税法第22条は上記のとおり解されることから，その主張には理由がない。

⑶ 以上から，請求人の主張はいずれも理由がなく，また，相続税の課税価格に算入される本件土地の価額は相続税評価額9億150万293円となるから，これに基づき当審判所において請求人の課税価格および納付すべき税額を計算すると，いずれも本件各更正処分の額を上回るから，本件各更正処分はいずれも適法である。

コメント

① 不動産鑑定評価基準によれば，更地の価額は，「更地」や「自用の建物及びその敷地」の取引事例に基づく比準価格や土地残余法による収益価格を関連づけて決定する。再調達原価が把握できる場合には，積算価格をも関連づけて決定することになっている。なお，更地の面積が近隣地域の標準的な土地の面積に比べて大きい場合には，開発法による試算価格をも比較考量して決定することになる。

本件の場合，開発法のみを採用して更地価額を求めているようであるが，更地価額を求めるならば不動産鑑定評価基準に基づくべきであるし，同基準に基づかないものは不動産鑑定評価書とは言えないので，開発法のみを採用するならば，その理由を明確にすべきと考える。

② 審判所の判断に記載のごとく，本件土地の存する地域の土地の開発状況を調べることは，鑑定の依頼を受けた不動産鑑定士にとっては当然である。市役所の開発指導課で開発事例の閲覧が可能である。2,000㎡以上の土地は相続開始前10年間で戸建住宅の開発事例が皆無で，すべてマンションとしての開発であるという状況を確認できたら，鑑定評価額に記載の戸建開発法による価格の試算は意味をなさないことになる。なぜなら，本件土地の最有効使用はマンションの敷地だからである。

③ 3,178.83㎡を有する土地で，二方道路に面し，最有効使用が高層のマンション，敷地の一部がセットバック（130.76㎡）が必要な土地とはいえ，ほぼ長方形の形状を有し，ほぼ平坦な土地となれば，土地の減価要因が少なく，取引事例1（30万8,545円/㎡，1,994.74㎡），取引事例2（39万3,137円/㎡，2,696.26㎡）をみても，路線価（正面35万円/㎡）より低い時価とはなりにくいと判断する。

これが一方路しか道路に接面せず，最有効使用が区割後戸建分譲住宅の敷地となれば，上記とは別に路線価を下回る時価となる可能性がある。なぜなら，本件土地のように3,178.83㎡を有する土地が戸建分譲開発することが最有効使用ならば，開発して開発道路等をつくって宅地開発をする必要がある。そうなると，土地の区画形質の変更を行い，開発道路等をつくるのに造成工事費等がかさむので，当該土地は造成工事費等を控除したものが当該土地の正味の価格すなわち時価ということになるからである。

【5】市街化区域内の市街地山林の時価について，原処分庁鑑定額に比べて請求人の主張する不動産鑑定額（請求人鑑定額）は，本件相続開始時における適正な時価を示すものとして採用することはできないとした事例

（東裁(諸)平成23第69号・平成23年10月25日）

本件土地の概要　①　本件土地は，間口約90m，奥行約60m，面積3,316.74㎡の市街化区域内に存する不整形な市街地山林である。

②　本件土地は，南西側で幅員5mの舗装市道に接面しており，当該舗装市道は本件土地の南東にて幅員約2mの車両の進行ができない未舗装市道に接続する。

③　本件土地は，上記の舗装市道に向かってなだらかな下り傾斜地となっており，本件土地の北側の頂上部分は平坦な土地である。

④　本件土地の上記の舗装市道に接する部分は石積擁壁にて道路より約1mないし5m高く接している。

⑤　本件土地は，準住居地域（建ぺい率60%・容積率200%）および第1種低層住居専用地域（建ぺい率50%・容積率80%）に属している。

請求人の主張　原処分庁鑑定書における価額は，本件土地の本件相続開始日現在の時価とは認められない。請求人鑑定書における価額は，本件土地の本件相続開始日現在の時価として適正なものである。

以下のとおり，原処分庁鑑定書における価額は，本件土地の本件相続開始日現在の時価とは認められない。

原処分庁鑑定書における取引事例の採用等は，以下のとおり合理性がなく，比準価格の信頼性を著しく消失させるものである。

①　標準的画地が整形地であり，取引事例AないしDがいずれも不整形な土地であるにもかかわらず，標準化補正または地域格差補正を行っていない。

②　取引事例CおよびDは，いずれも幅員2m以下の道路に接しており，開発できないことによる甚大な減価要因が補正されておらず，またそもそも開発できないことから規範性がない。

③　取引事例Cは，上下水道がない土地の事例であるにもかかわらず引き込

表1　請求人鑑定書

（近隣地域における標準的画地：規模2,000㎡程度の不整形地）

項目＼区分	取引事例1	取引事例2	取引事例3
地　　積	975㎡	2,227㎡	982㎡
取引時点	平成19年5月	平成20年4月	平成19年8月
取引価格	10,251円／㎡	13,469円／㎡	8,650円／㎡
交通接近条　　件	○○駅から約1.6km	○○駅から約1.2km	○○駅から約2.6km
街路条件	北側約5.5m舗装市道	北西側約4.4m舗装市道	東側約4.5m舗装市道
環境条件	地勢：急傾斜地 供給処理施設： 上水道引込可 公共下水道引込可 都市ガス引込可 危険・嫌悪施設等：なし	地勢：傾斜地 供給処理施設： 上水道引込可 公共下水道引込可 都市ガス引込可 危険・嫌悪施設等：なし	地勢：急傾斜地 供給処理施設： 上水道引込可 公共下水道引込可 危険・嫌悪施設等：なし
画地条件	不整形地・中間画地	不整形地・中間画地	不整形地・中間画地
行政的条　件	第1種住居地域 準防火地域 （60％・200％） 第4種高度地区 宅地造成工事規制区域	第1種中高層住居専用地域 準防火地域 （60％・150％） 第3種高度地区 宅地造成工事規制区域	第1種低層住居専用地域 （50％・80％） 第1種高度地区 宅地造成工事規制区域

＜標準的使用における標準価格の査定＞

項目＼区分		取引事例1	取引事例2	取引事例3
取　引　価　格		10,251円／㎡	13,469円／㎡	8,650円／㎡
事　情　補　正		100/100	100/100	100/100
時　点　補　正		100/100	100/100	100/100
標　準　化　補　正		100/100	100/100	100/100
地域要因格差	街　路　条　件	100/101	100/100	100/100
	交通・接近条件	100/99	100/101	100/94
	環　境　条　件	100/75	100/95	100/65
	行　政　的　条　件	100/100	100/100	100/100
推　定　標　準　価　格		13,700円／㎡	14,000円／㎡	14,200円／㎡

み費用相当額の格差修正がなされていない。

④　価格の最も低い事例と高い事例の単価が3.22倍であり，価格差が大きい。

⑤　平成17年，平成18年の古い事例を採用しており，また，エリアも離れている他区のものであるため規範性が認められない。

⑥　取引事例Dの標準化補正が100/150と大きい。

控除方式（開発法）は，本件土地の3分の1にも満たない南側部分の土地しか開発しないことを想定しており，鑑定評価の合理性を欠いている。

以下のとおり，請求人鑑定書における価額は，本件土地の本件相続開始日現在の時価として適正なものである。

①　鑑定において採用する取引事例として重要な点は，取引時点を含めた総合的な価格形成要因の類似性であるところ，請求人鑑定書は，規模の類似性，傾斜度の類似性および考えられる開発手法の類似性，有効宅地化率の類似性をかんがみた上で適切な事例を採用している。

②　分譲価格の設定において，本件土地の北側には高圧線の鉄塔が隣接すること，および本件土地は高圧線下を含む土地であること，ならびに本件土地が傾斜地であり，造成後も傾斜の程度が大きいことを考慮すべきであり，近隣の分譲単価等との単純比較は意味がない。

原処分庁の主張　原処分庁鑑定書における価額は，本件土地の本件相続開始日現在の時価として適正なものである。請求人鑑定書における価額は，本件土地の本件相続開始日現在の時価とは認められない。

原処分庁鑑定書は，以下のとおり，取引事例の採用等に合理性があり，また，取引事例につき必要な補正を行った合理的なものである。

①　面積の大きい開発素地においては，形状はやや不整形なのが一般的であり，本件土地および取引事例AないしD程度の不整形格差についてはしんしゃくする必要がないことから，その補正を行わないことが不合理とはいえない。

②　取引事例CおよびDについては，道路の拡幅および延長により開発は可能であり，道路の幅員については条件補正が行われている。

控除方式（開発法）は，本件土地の形状，地勢および造成費との兼ね合い等の諸条件を総合的に検討した結果，現実的なものとして本件土地の3分の1の部分の開発を想定したものであり，十分に合理性を有するものである。

以下のとおり，請求人鑑定書における価額は，本件土地の本件相続開始日現在

表２　原処分庁鑑定書

（近隣地域における標準的画地：幅員約 4.5 m の市道に北接する規模 3,000 ㎡のほぼ整形の中間画地（林地））

項目＼区分	取引事例 A	取引事例 B	取引事例 C	取引事例 D
地目	林　地	林　地	林　地	林　地
地積	1,976 ㎡	1,545 ㎡	957 ㎡	533 ㎡
取引時点	平成 17 年 11 月	平成 18 年 7 月	平成 19 年 4 月	平成 18 年 8 月
取引価格	36,690 円 / ㎡	25,878 円 / ㎡	15,674 円 / ㎡	50,627 円 / ㎡
位置	○○駅から 1.3km	○○駅から 0.85km	○○○から 1.1km	○○駅から 0.9km
街路条件	市道 5 m	市道 4 m	市道 1.8 m	市道 2 m
環境条件	住宅市街地に近接した空地の多い丘陵傾斜地地域	住宅市街地に隣接した傾斜林地地域	住宅市街地に近接した空地の多い丘陵傾斜地地域	住宅市街地に近接した果樹園等からなる緩傾斜地地域
画地条件	不整形 南傾斜	不整形 南傾斜	不整形 南・北複合傾斜	不整形 北傾斜
供給処理施設	水道・下水	水道・下水	—	水道・下水
公法規制	第１種住居地域 準防火地域 （60％・200％）	第１種住居地域 準防火地域 （60％・160％）	第１種低層住居専用地域 （50％・80％）	第１種中高層住居専用地域 準防火地域 （60％・150％）

<標準的画地の比準価格の試算過程>

項目＼区分		取引事例 A		取引事例 B		取引事例 C		取引事例 D	
取引価格		36,690 円 / ㎡		25,878 円 / ㎡		15,674 円 / ㎡		50,627 円 / ㎡	
事情補正		100/100		100/100		100/100		100/100	
時点修正		102.7/100		103.2/100		101.8/100		103.1/100	
標準化補正		100/100		100/100		100/100		100/150	
地域格差	街路条件	100/111	+1	100/111	-1	100/73	-3	100/119	-3
	交通接近条件		±0		+2		+1		+2
	環境条件		+10		±0		-25		+20
	行政的条件		±0		±0		±0		±0
試算価格		34,000 円 / ㎡		26,400 円 / ㎡		21,800 円 / ㎡		29,200 円 / ㎡	
標準価格		4 価格が得られたが，若干の開差を生じた。いずれも規範性を有する事例につき中庸値を採用して評定した。　27,900 円 / ㎡							

の時価とは認められない。

請求人鑑定書は，取引事例に基づく比準価格を算出するに当たって，時点修正を 100/100 としているが，本件土地は市街化区域内の林地であり，いわゆる宅地見込地であるから，宅地の価格変動に影響を受けるところ，当該取引事例の近隣に存する公示価格は，平成 19 年ないし平成 21 年にかけて，いずれも価格変動が認められ，時点修正が必要というべきであるから，不動産鑑定評価基準に基づく適正なものとは認められない。

請求人鑑定書における開発法の価格は，採用している分譲価格 13 万 5,000 円／㎡の根拠が明らかでなく，本件土地の近隣に存する平成 19 年における基準地の価格 17 万 8,000 円／㎡および平成 20 年に売り出された分譲地の価格約 18 万円／㎡ないし約 22 万円／㎡に比較すると当該分譲価格は明らかに低額であるから，その算定方法に合理性を欠くものである。

審判所の判断

⑴　原処分庁鑑定書について

①　請求人は，原処分庁鑑定書が，整形地としている標準的画地に対して，いずれも不整形である取引事例 A ないし D について標準化補正等がなされていないことから不合理なものである旨主張する。しかしながら，取引事例 A ないし D は，確かにいずれも不整形な土地であるものの，このように面積が大きい山林は不整形地であることが一般的であり，また，宅地開発が見込まれる素地の場合，分譲に当たって整形地に分割されることから，必ずしもしんしゃくを要するとは認められず，上記の請求人の主張は原処分庁鑑定書が不合理であるとする理由には当たらない。

②　請求人は，原処分庁が採用した取引事例は，価格の最も低い事例と高い事例の単価の価格差が大きい平成 17 年，同 18 年の古い事例であり，エリアも離れている他区の事例である，取引事例 D の標準化補正は 100/150 と大きいことから，いずれも取引事例として適切ではなく，規範性が認められないなどと主張する。しかしながら，原処分庁鑑定書の取引事例比較法は，採用した取引事例間の価格差が大きいこと，他区の事例であること，および取引時点に開きがあることについて，標準化補正，地域格差の補正および時点修正が適切にされていると認められ，また，取引事例 D の標準化補正が 150/100 とされていることも，上記のとおり適切に補正がされた結果であることから，結局，請求人らの主張は，いずれも原処分庁鑑定書が合理性を欠

くものと認めるべき理由とはならない。

③　原処分庁鑑定書の控除方式（開発法）について，請求人は，本件土地の3分の1にも満たない南側部分の土地しか開発しないという想定のもとで評価された原処分庁鑑定書は合理性を欠く旨主張する。しかしながら，原処分庁鑑定書では，本件土地が地盤等の未調査の傾斜地であることから，安全性を考慮して北部を緑地として保全することとしたというものであり，その開発想定には合理性が認められる。

④　以上のとおり，請求人の主張は，いずれも原処分庁鑑定書による価額が本件土地の本件相続開始日現在の時価ではないと認めるべき理由には当たらないものであり，その他，原処分庁鑑定書を検討しても，本件土地の価額の鑑定評価の過程について，特にその合理性を疑わせるような点を認めることができない。

(2)　請求人鑑定書について

①　取引事例1は，上記のとおり，本件土地に比し，面積が約3分の1で，道路との接面条件が悪く，形状も細長く傾斜もきつい開発が困難と認められる土地であるところ，請求人鑑定書では，必要と認められる標準化補正がされていない。

②　取引事例2は，上記のとおり，本件土地に比し，道路との接面条件が悪く，奥の部分のほぼ垂直な絶壁によって開発が困難と認められる土地であるところ，請求人鑑定書では，必要と認められる標準化補正がなされていない。また，取引事例2は，競売による事例であるにもかかわらず，請求人鑑定書では，その事情補正がなされていない。

③　取引事例3は，上記のとおり，本件土地に比し，面積が約3分の1で，道路との接面条件が悪く，傾斜もきつい開発が困難と認められる土地であるところ，請求人鑑定書では，必要と認められる標準化補正がなされていない。また，取引事例3は，競売による事例であるにもかかわらず，請求人鑑定書では，その事情補正がなされていない。

④　以上のとおり，請求人鑑定書における取引事例比較法では，採用した取引事例のすべてについて，必要と認められる本件土地との格差についての標準化補正および時点修正をしていない上，取引事例2および取引事例3にあっては，競売という事情があるにもかかわらず，何ら補正していないものであ

り，その算定に合理性を欠いたものといわざるを得ない。

⑤　請求人鑑定書の開発法では，1㎡当たりの分譲価格を13万5,000円/㎡とし，その算定根拠は示されていないところ，上記の本件土地の近隣の基準地の標準価格が17万8,000円/㎡であること，および本件土地の南側約100mに位置する開発された土地の分譲価格が19万円/㎡ないし22万円/㎡であることと比較すると極端に低く，その算定等が不合理であることが強く推認される。請求人らの主張は採用できない。

⑥　以上のとおり，請求人鑑定書は，その合理性に疑問があるから，請求人鑑定書による本件土地の評価額は，本件相続開始時における適正な時価を示すものとして採用することはできないというべきである。

⑦　上記のとおり，原処分庁鑑定書は，不動産鑑定評価基準に基づき取引事例比較法および開発法を適用し，公示価格を規準として使用しており，本件土地の鑑定評価の過程について，特段，その合理性を疑わせるような点を認めることができないから原処分庁鑑定書による評価額8,960万円は，本件相続開始日における本件土地の適正な時価を示すものと認めるのが相当である。

⑧　請求人鑑定書は，その合理性に疑問があるから，請求人鑑定書による本件土地の評価額は，本件相続開始時における適正な時価を示すものとして採用することはできないというべきである。

上記のとおり，原処分庁鑑定書は，不動産鑑定評価基準に基づき取引事例比較法および開発法を適用し，公示価格を規準として使用しており，本件土地の鑑定評価の過程について，特段，その合理性を疑わせるような点を認めることができないから，原処分庁鑑定書による評価額8,960万円は，本件相続開始日における本件土地の適正な時価を示すものと認めるのが相当である。

コメント　①　本件土地の時価を求めるにあたり，請求人鑑定書は，取引事例に基づく比準価格において競売物件を採用しているにもかかわらず事情補正をしていない事例が３事例のうち２事例もあり，その算定に合理性を欠くと審判所から指摘を受けている。また，開発法を適用するにあたり，１㎡当たりの分譲価格が本件土地の近くで開発された土地の１㎡当たりの分譲価格に比べて極端に低く，その算定に合理性を欠くと審判所から指摘を受けている。このような状況なので請求人鑑定書は採用できないと判断している。事例を採用するにあたり出来る限り事情補正の少ない事例を採用するように心がけるべきである。

② それでは，原処分庁鑑定書に問題がないかといえば，ないとはいえない。請求人らは原処分庁鑑定書の取引事例について，「価格の最も低い事例と高い事例の単位が 3.22 倍であり価格差が大きい」と指摘している。本件土地と類似性の高い事例を採用しているとはいいにくい一面があり，請求人らの指摘は的を得ていると思われるが，審判所はこれについて一言も述べていない。また，原処分庁の取引事例Ｄの標準化補正が 100/150 と大きいと請求人らは指摘している。仮に 100/150 の補正が正しいとしても，100/150 までになった事例は採用を控えるか比準の参考に留めるべきである。しかしながら，本件においては標準価格を求めるに当たり，「4 価格が得られたが，若干の開差が生じた，いずれも規模性を有する事例につき中庸値を採用して評定した」と述べている。このような形で求められた取引事例比較法による比準価格は合理性があるとは言いにくい。

【6】請求人が贈与により取得した中古マンションの評価に当たり，建替えが行わる可能性が極めて高く，また既存建物の２倍以上の面積を取得する予定なのに，それらの事情を考慮していない鑑定評価額は採用できないとした事例

（平成22年10月13日裁決・公開）

本件建物の概要　本件は，請求人が贈与により取得した不動産の価額は，不動産鑑定士による鑑定評価額が相当であるとして贈与税の申告をしたが，原処分庁は，評価通達に基づく評価額が相当であるとして贈与税の更正処分および過少申告加算税の各賦課決定処分を行ったのに対し，請求人が当該不動産については評価通達により難い特別の事情が存するとして当該各処分の全部の取消しを求めた事案である。

本件不動産は，本件土地上に存する築50年の4階建ての5棟の共同住宅（全148戸で1戸当たりの敷地の平均地積は約76㎡である。以下，これらを併せて「本件住宅」という）のうちいずれも3号棟に存する区分所有建物（床面積各39.27㎡）および管理用事務所ならびにその敷地（各約73㎡）である。

請求人の主張　本件不動産の価額は以下のごとく評価通達により難い特別の事情がある。

① 評価通達の定めによりマンションを評価する場合には，マンションが共有財産であり，単独所有の建物とその敷地に比し，制約があるということが考慮されず，マンションの土地部分と建物部分を区分し，それぞれ別個の不動産として価額を算定することになるから，建物の専有部分の床面積に対応するその敷地面積の時価の算定を評価通達の定めにより行うと売買の実態と乖離した非常に高い価額となる。

② 本件不動産は，築50年の団地型マンションで，住居面積は狭く，建物も経年劣化し，給排水設備は陳腐化し，エレベーターはなく，高齢者に対応した構造にはなっておらず，今日の水準から見ると，居住性能は著しく不十分な建物である。

③ 本件不動産の価額は，本件鑑定評価額とするのが相当である。客観的にみて建替え事業が確実に実現するであろうと判断できるのは建替え決議がなさ

れた平成 19 年 10 月 28 日以降であり，本件贈与の日においては建替えの検討計画段階にすぎず，建替えが確実に実現できる状況ではない。

④　相続税法第 22 条は時価主義をとっているから，本件不動産の評価額の判断は，贈与時点の本件不動産の客観的交換価値によるべきであり，本件贈与の日には建替えが行われる蓋然性が高かったとはいえないから，原処分庁の主張は失当である。

原処分庁の主張　①　本件土地の近隣における公示価格および取引事例を基に請求人が本件贈与により取得した本件不動産の時価（客観的交換価値）を算定すると 1 億 4,303 万 1,232 円となる。したがって，請求人が本件贈与により取得した本件不動産の相続税評価額は客観的交換価値とみるべき合理的な範囲内にあり，特別の事情があるとは認められない。

②　本件贈与の日において，本件住宅の各区分所有者が，敷地の持分を出資し，建替え事業完了後にそれぞれの出資に見合った価額の新築住戸を取得する方式を採用した建替えが行われる蓋然性が高いことから，請求人が主張する平成 19 年 6 月 25 日付の不動産鑑定評価書（以下，「本件鑑定書」という）の鑑定評価額 2,100 万円（以下，「本件各鑑定評価額」という）は，本件不動産の将来性を考慮し，土地の財産価値に重きを置く積算価額を比準価額より重視すべきであるところ，積算価額は参考程度としていることから，本件住宅の建替計画（以下，「本件建替計画」という）の存在を適切に反映したものとはいえず，本件不動産の客観的交換価値（時価）を表した価額であるとは認められない。

審判所の判断　本件土地は 11,345.91 ㎡で，地盤に甚だしく凹凸があり，利用価値が低い法面 185.88 ㎡，建築基準法第 42 条第 1 項第 5 号道路 998.41 ㎡，公園 563.22 ㎡を有する略台形の土地である。

本件建替計画について，本件住宅の管理組合の臨時総会が平成 18 年 2 月 18 日開催され，建替推進決議，建替推進委員会の設置決議，事業パートナーとして A 社を選定するための決議を採決した。

平成 18 年 4 月 25 日，本件管理組合は建替え事業について「住宅建替え事業協力に関する覚書」を締結した。

本件住宅の 5 棟すべての建物を取り壊し，その敷地に共同住宅建物を建設するための建替え決議は平成19年10月28日に区分所有者全員の同意により成立した。

請求人は，平成 20 年 11 月 18 日，上記の建替え決議に基づき，建替え事業に係る等価交換契約により，本件不動産を代金 1 億 3,086 万円で譲渡し，その敷地に建築される共同住宅の 1 室を代金 1 億 4,583 万 3,480 円で譲り受けた。

本件鑑定書は比準価格（2,000 万円）を重視し，収益価格（1,810 万円）を関連付け，実現性に不透明感が残る積算価格（9,670 万円）については参考にとどめながら，将来における土地価格実現の可能性を考慮して標準住戸の鑑定評価額を決定したとしており，この価額を基に本件不動産の評価額を 2,100 万円としている。なお，本件鑑定評価額においては，本件建替計画は考慮されていない。

本件贈与の日において本件建替計画に係る建替決議は成立していないが，本件贈与の日現在，建替推進委員会や勉強会等が開催されていること，建替え事業協力に関する覚書も締結されていること等の事実が認められ，建替えが行われる蓋然性が極めて高いと認められる。

2 倍以上の面積の建物を取得できることが予定されていたことを考えると，本件鑑定書における比準価格の算定にはこれらの事情が充分に考慮されていない。

以上から，本件不動産の評価に当たり，評価通達の定めにより難い特別の事情は認められず，また本件鑑定評価額が本件不動産の客観的な交換価値を表すものとは認められないから，原処分庁が評価した価額をもって本件不動産の時価と認めることが相当である。

コメント　請求人が贈与により取得した中古マンションの評価にあたり，建替えが行われる可能性が極めて高く，敷地の持分価額に見合う既存建物の 3 倍近い面積を取得することが予定されているにもかかわらず，請求人の主張する鑑定評価額はそれらの事情を十分に考慮されていないと審判所が指摘している。

建替計画を見る限り，床面積 39.27 ㎡が建替えにより 125.66 ㎡となり，なおかつ建物の代金は 1 億 4,583 万 3,480 円（鑑定評価額は 2,100 万円）となる予定である。既存建物の 3 倍近い床面積が取得できることとなると，本件鑑定評価額は建替えの事情をくみ取っていないことになる。

そうなると，本件鑑定評価額は客観的な交換価値を表しているとはいえず，かつ，評価通達の定めにより難い特別の事情は認められないとの審判所の判断は無理もない。

本件鑑定評価の折に積算価格と比準価格との差が大きすぎること，開差の理由は何なのかを十分に分析する必要があったのではないか。マンションの管理組合へ問い合せていたら，建替えの実現性がわかる情報を把握できたかもしれない。いずれにしても，正確な情報の入手が鑑定評価の大前提であることに変わりはない。

【7】評価通達に定められた評価方法により算定される価額が時価を上回る場合，同通達の定めにより難い特別の事情があると認められることから，他の合理的な評価方法により評価することが許されるとした事例

（平成25年5月28日裁決・公開）

本件土地の概要 本件土地は，間口約12m，地積3,059.75㎡の不整形地である。間口約12mが幅員約8.2ｍの市道に接面し，間口約54mが幅員約1.8ｍの市道に約5ｍ高く接面する。なお，約1.8ｍの市道は建築基準法上の道路ではない。

当該市では，市街化区域において土地の面積が500㎡以上の開発行為を行う場合には，都市計画法の規定により，市長の許可を受けなければならない。

請求人の主張 本件土地の次の事情は，評価通達の定めにより難い特別の事情に当たることから，本件土地の価額の算定は鑑定評価の方法によるべきであり，本件土地の本件相続開始時における価額は請求人鑑定評価額となる。このことは，本件通達評価額が請求人鑑定評価額に比して過大であることからしても明らかである。

① 本件土地には崖地があることから，そもそも開発不能な部分があり，また，地盤が軟弱な部分もあることから，その補強等のために多額の擁壁造成費用が必要であるが，広大地通達に定める広大地補正率は，公園，道路等の公共・公益的施設としての潰れ地しか考慮していないから，同補正率によって開発不能な部分の潰れ地や擁壁造成費用を賄うことはできない。

② 本件土地は，本件相続開始時に本件審査基準により開発許可が受けられない土地であるから，その価値は著しく低い。

③ 本件審査基準が改正され，開発余地に関する条件が撤廃されたことで，本件土地のような袋路状道路の土地であっても3,000㎡までは開発が可能となったため，請求人は，本件土地の売却を検討するべく複数の不動産業者に見積りを依頼し，その結果，業者から交付された買付証明書等の本件土地の売買価格見積り額は，条件が緩和されたこの時点でも最高価格で1億円にとどまっている。

仮に，請求人鑑定評価額が本件土地の価額として認められないとしても，本件土地の価額は，不動産鑑定士作成の平成24年4月28日付けの不動産鑑定評価書の鑑定評価額7,300万円を上回ることはない。

原処分庁の主張 請求人が主張する事情は，次のとおり，本件土地の時価を評価するに当たり評価通達の定めにより難い特別の事情には当たらず，本件土地の本件相続開始時における価額は本件通達評価額となる。

① 本件土地を開発する際に多額の擁壁造成費用が必要であるとしても，これらの費用は，広大地通達に定める広大地補正率が評価通達に定める各種補正率に代えて乗じられるものであることからすると，広大地補正率により考慮されていると認められる。

② 広大地通達に定める広大地補正率は，開発行為を行うとした場合に公共・公益的施設用地の負担が必要と認められる宅地を評価するに当たり，実際に開発許可が受けられるか否かにかかわらず適用されるものであるから，仮に，請求人が主張するように，本件審査基準等による種々の開発制限により，本件土地の本件相続開始時の現況では開発許可が受けられないとしても，これらの制限があることをもって，評価通達の定めにより難い特別の事情があるとは認められない。

③ 買付証明書等は，単に不動産業者から通達評価額に満たない金額で買付けの申込みがあったことの証明書にすぎないから，当該買付証明書等の金額が通達評価額より著しく低いということをもって，本件土地に評価通達の定めにより難い特別の事情があると認めることはできない。

審判所の判断 請求人提出の資料，原処分関係資料および当審判所の調査の結果によれば，次の各事実が認められる。

① 本件土地は，市街化区域内にあって第一種低層住居専用地域（建ぺい率50％・容積率100％）および文化財保護法に規定する周知の埋蔵文化財包蔵地の区域内に所在している。

② 本件土地の周辺地域は，小規模な宅地造成による一団の戸建住宅や低層アパートが数多く見られるなど，一般住宅化が進んでいる地域であり，同地域に存する土地の標準的使用は戸建住宅用地または低層アパート用地であると認められる。また，当該戸建住宅の敷地面積は100㎡程度が標準的である。

③ 本件土地の北側から西側全面は，同土地から本件西側接面道路に向かって

急傾斜の崖地（以下，「本件崖地部分」という）となっている。本件崖地部分は，隣接する本件西側接面道路との高低差が最大約6m程度あり，請求人鑑定評価に添付された法地面積求積図によれば，水平面積は626.25㎡（以下，「本件崖地部分の水平面積」という）で，本件土地の約20%を占めている。本件崖地部分には雑木や雑草が密生し，その傾斜が急であることから人が通行できる状態にはない。また，本件崖地部分の外周部分の距離は，請求人鑑定評価に添付された地積測量図から計算すると100m弱である。

④　当審判所が入手した平成23年12月3日付の現況求積図によれば，本件土地の幅員は最も幅の狭い場所で6.01mあり，他の審査基準を満たせば，開発することは可能である。ただし，本件土地の東側に隣接する土地は月ぎめ駐車場として利用されているため，本件土地は，本件審査基準に定める周辺に開発余地がある土地に当たる。このため，袋路状道路での開発許可は，開発面積が1,000㎡未満の場合に限られ，それ以上の面積を開発する場合には，別に進入路を確保する必要がある。

請求人は，本件土地の時価は請求人鑑定評価額である旨主張することから，以下，請求人鑑定評価の合理性について検討する。

①　取引事例比較法の適用については，本件土地と状況の類似する土地の取引事例を採用する必要があるところ，請求人各取引事例の地積は，本件土地の地積と比べ広いものでも約6分の1，狭いものでは約10分の1にすぎないことからすると，請求人鑑定評価が採用した請求人各取引事例は，一画地の面積が著しく過少であるから，類似性を著しく欠く事例を採用している点で不合理である。

②　本件土地は袋地となっているところ，本件土地に係る請求人開発計画は，開発区域内の道路を袋路状道路として開発することとしている。しかしながら，本件審査基準では，原則として開発区域の面積が3,000㎡を超える場合には，袋路状道路の敷設は認められていない上，本件土地を袋路状道路で開発する場合には，開発面積は1,000㎡未満に限られることになるにもかかわらず，請求人鑑定評価では，この点について請求人個別格差補正において何ら考慮しておらず，合理性が認められない。

③　本件土地に係る請求人開発計画は，本件審査基準を満たしていない上，同基準を満たすために必要となる道路用地の買収費用等が請求人開発法価格に

何ら考慮されておらず，合理性が認められない。

以上のとおり，請求人比準価格および請求人開発法価格は，その算定過程において，いずれも合理性が認められないから，これらの価格を基に算定された請求人鑑定評価額は，本件土地の相続開始時における価額（時価）とは認められない。

請求人鑑定評価額は，本件土地の相続開始時における価額（時価）とは認められないが，他方，本件土地の開発に際しては，袋路状道路の敷設は認められないなど特殊な制約が相続開始時にあったことから，当審判所において，本件土地の評価に際し，評価通達によらないことが正当と認められる特別の事情があるか否かを検討するため，本件土地の鑑定評価を依頼した（以下，「審判所鑑定評価」という）。

① 審判所鑑定評価は，本件土地の評価額を6,930万円（以下，「審判所鑑定評価額」という）と算定している。

② 審判所鑑定評価額は，標準画地方式によらず直接比準方式を採用し，次のとおり，取引事例比較法による比準価格（以下，「審判所比準価格」という）と開発法による価格（以下，「審判所開発法価格」という）を基に算定されている。

③ 審判所鑑定評価では，直接比準方式を採っているところ，鑑定評価手法上，評価対象不動産の最有効使用が近隣地域における標準的使用と異なる場合などには直接比準方式が用いられており，本件土地が存する地域の土地の標準的使用の一つは100㎡程度の戸建住宅用地であり，その中で本件土地の地積は3,059.75㎡と規模が大きく，その最有効使用は同地域の標準的使用と同一とは認められないことからすると，直接比準方式を採ったことに不合理はない。

④ 審判所個別格差補正は，開発法の手法により，傾斜地や取付道路買収による減価がない土地を想定し，そこから擁壁工事費や道路取得費を考慮して算定したものであり，擁壁工事費や道路取得費の算定に当たっては，審判所開発法価格の算定の基となった審判所擁壁工事費や道路買収費等を基としており，これについては相当であると認められることから，補正率に不合理な点は認められない。

⑤ 本件土地に係る審判所開発計画は，道路用地を買収して袋路状道路としない開発を想定しており，同計画は審査基準を満たしている合理的なものであ

ると認められる。

以上の点において，審判所比準価格および審判所開発法価格は，その算定過程に合理性を疑わせる点は認められず，他の点についても同様である。そして，審判所鑑定評価額は，審判所比準価格および審判所開発法価格を再吟味した上で，いずれの価格も同程度の説得力があり，その差も僅少のため，両価格の中庸値を採用していることから，本件土地の相続開始時における価額（時価）として妥当なものと認められる。

本件土地の相続開始時における価額（時価）はいくらか（本件土地の時価を評価するに当たり評価通達の定めにより難い特別の事情があるか否か）について，評価通達に定められた評価方法により算定される価額が時価を上回る場合には，評価通達の定めにより難い特別の事情がある場合に該当するといえ，その場合には，評価通達の定めによらず，他の合理的な評価方法により評価することが許されると解されるところ，本件土地につき，広大地通達を適用して算定される価額（1億5,045万2,114円）は，本件土地の相続開始時における価額（時価）である審判所鑑定評価額（6,930万円）を上回ることから，本件土地の評価額を評価するに当たっては，評価通達の定めにより難い特別の事情があると認められ，本件土地の評価額は審判所鑑定評価額とするのが相当である。

コメント

① 請求人比準価格において採用している事例が本件土地の面積に比べて大きいものでも約1/6，狭いものでは1/10の面積であるので，本件土地と類似性を欠く事例を採用しているので不合理だと審判所から指摘を受けている。取引事例の採用については類似性のある事例を採用するようにと不動産鑑定評価基準で述べられている。比準価格の精度の根幹をなすものなので，注意したい。

② 本件土地において開発法を適用するにあたり，本件審査基準では原則として開発区域の面積が3,000㎡を超える場合には，袋路状道路の敷設は認められない上，本件土地を袋路状道路で開発する場合には開発面積は1,000㎡未満に限られていることになるにもかかわらず，請求人鑑定評価では何ら考慮していないので合理性はないと審判所から指摘を受けてい

る。

③　本件土地のように 3,000㎡を超える土地において開発法を適用する場合，開発図面および造成費用等の見積書を第三者に依頼し，その図面・見積書に基づき鑑定をするべきである。第三者の考えを鑑定書に入れて，鑑定書の信頼性と精度を高めるべきである。

④　相続税法上の土地の評価は，評価通達に定められた評価方法により算定された価額をもって時価とすることになっているが，本件のように規模の大きな土地を時価鑑定すれば，開発造成費用等が増えることから評価通達に定められた手法でより低く求められる可能性がある。

【8】請求人の主張する鑑定評価額は，相続開始日現在の時価を表しているとは認められないことから，評価通達に定める評価方法により評価するのが相当であるとした事例

（平成25年7月5日裁決・公開）

本件土地の概要 本件土地は，一部不整形な長方形に近似する土地（地積2,873.89㎡）であり，正面道路に沿接する地域は，ほぼ平坦で，マンション，店舗兼共同住宅または事務所等の用に供されている建物が連たんしており，当該沿接する北側の地域は，北に向かって高くなっている住宅地域，公園および緑地帯となっている。本件土地が所在する地域の用途地域は近隣商業地域（建ぺい率80%・容積率300%）である。

請求人の主張 本件は，請求人が相続により取得した宅地について，評価通達の定めによらず，不動産鑑定士が鑑定評価した価額に基づいて相続税の申告をしたのに対し，原処分庁が，当該宅地の価額は評価通達の定めにより評価した価額とすべきであるとして，相続税の更正処分および過少申告加算税の各賦課決定処分を行ったことから，請求人が当該各処分の全部の取消しを求めた事案である。

請求人は，相続税の期限内申告において，本件土地の価額を，請求人の依頼した不動産鑑定士が作成した不動産鑑定評価書による本件土地の更地としての鑑定評価額3億8,900万円を基に，貸宅地（80%）の価額として3億1,120万円と評価した。

なお，請求人は，本審査請求に際して，請求人鑑定評価書において，本件土地には，その地域における標準的な画地に比べ画地規模が大きいことを要因として40%の規模格差があるとしていることの妥当性を検証するものとして，当該地区において平成22年中に取引された面積1,000㎡以上の事例106件に基づく検証に係る資料を審判所に提出した。

請求人鑑定評価額は，以下のとおり，相続開始日における本件土地の更地としての時価であり，当該価額は原処分庁主張額を下回るから，本件土地の価額の評価について，評価通達の定めによらないことが正当と認められる特別の事情がある。したがって，本件土地の価額は，請求人鑑定評価額に基づき評価すべきであ

る。

請求人鑑定評価額は，一般的な画地と比較して，①画地規模が大きいこと，②敷地内に一部高圧線下地があること，および③日影規制が厳しく基準容積率の消化が一部困難であることといった特異性がある本件土地について，主たる需要者であるマンション分譲業者等の観点を踏まえ，これら①ないし③の諸要因を適正に考慮したものである。

本件土地のように画地規模の大きい土地は，需要者が限定され必然的に規模格差（減価）が生じている画地であり，次のとおり，本件規模格差は適正である。

請求人の検証に対する原処分庁の主張は，以下のとおり，理由がなく，請求人の検証は本件規模格差の妥当性を示すものである。

① 本件土地は，その特異性から，基準容積率300％に対して，その消化可能容積率が約150％の画地であり，容積率の面からの検討も踏まえるため，容積率の低い第一種低層住居専用地域の取引事例をも含めたものである。

② 規模格差以外の個別的要因は，角地補正や不整形地補正などによって，多面的かつ客観的に修正率を把握の上，格差修正を行っている。

③ 請求人の検証では，「2,500㎡以上5,000㎡未満」の取引事例から分析しているが，仮に「1,000㎡以上2,500㎡未満」の取引事例でみても規模格差が平均40％～30％での取引が多いことに変わりはない。

請求人は，本件土地に大規模画地としての減価があることについて，本件大規模画地取引事例によって実証的に証明しているにもかかわらず，原処分庁の本件土地には地積が大きいことによる減価はないとする理由は抽象的な説明に終始し，その依拠する原処分庁鑑定評価額も，何ら裏づけが明らかでなく，客観的かつ具体的な根拠を欠くものである。

原処分庁の主張 原処分庁は，本件更正処分等において，本件土地の価額を4億3,433万9,784円と評価した。

なお，原処分庁は，本審査請求に際して，原処分庁の依頼した不動産鑑定士が作成した不動産鑑定評価書による本件土地の更地としての鑑定評価額6億3,230万円を審判所に提出した。

① 本件土地の更地価額を評価通達の定めにより評価した原処分庁主張額は，以下のとおり，相続開始日における客観的交換価値を上回っているとは認められないから，本件土地の価額の評価について，評価通達の定めによらない

ことが正当と認められる特別の事情はない。したがって，本件土地の価額は，原処分庁主張額に基づき評価すべきである。

② 請求人鑑定評価書は，以下のとおり，本件土地の本件相続開始日における時価を適正に評価しているとは認められない。

(イ) 本件土地はその地域における標準的な画地に比べ画地規模が大きいことを要因として本件規模格差（40%）があるとするが，次のとおり，本件規模格差は適正を欠いている。

(ロ) 本件大規模画地取引事例に基づく請求人の検証は，次のとおり，本件規模格差が妥当な水準であることを示すものではない。

(a) 請求人の検証における取引事例には，本件土地の用途地域と異なる第一種低層住居専用地域の取引事例が含まれている。

(b) 請求人の検証における取引事例の規模格差以外の個別的要因が適正に考慮されているか不明である。

(c) 請求人の検証における取引事例には，本件土地の地積（2,873.89㎡）より2,000㎡以上も広い取引事例が含まれている。

③ 原処分庁鑑定評価書において，地積が大きいことによる減価はないとされているように，本件土地のように適度に大規模な画地であれば，居住戸数が増え，管理面や安全性の向上および設備面の充実が期待され，また，本件土地は，最寄り駅に近く，近隣商業地域に所在する希少な大規模画地であることなどからして，本件土地において地積が大きいことによる減価はないといえる。

審判所の判断 相続により取得した財産の価額は，評価通達の定めによらないことが正当として是認されるような特別の事情がある場合を除き，評価通達に定められた評価方法により評価した価額によることが相当である。

請求人は，請求人鑑定評価書による請求人鑑定評価額が相続開始日における本件土地の更地としての時価であり，当該価額が評価通達の定めにより評価した価額を下回るとして，評価通達の定めによらないことが正当として是認される特別の事情がある旨主張していることから，以下，請求人鑑定評価額等について順次検討する。

(1) 取引事例比較法による比準価格について

① 一般に地積が広大な土地を戸建住宅用地に分割して開発分譲する場合は，

道路等の公共・公益的施設用地の負担等が必要となるから，当該負担等に応じた減額の補正が必要となるが，地積が広大な土地であってもマンション等の敷地として一体利用する場合は，上記の公共・公益的施設用地の負担等は必要とならないから，上記の減額の補正を行う必要はない。

この点については，適正な土地評価のため，不動産鑑定評価基準の理論を基礎に不動産鑑定士等の実践面における活動の成果を十分取り入れて作成され，当審判所においても相当と認める基準である土地価格比準表においても，その第１《一般的事項》9《画地条件に係る地積の過大による減価について》において，「標準的な画地との比較において広大地と判定される画地であっても，一体利用することが合理的と認められる場合は，地積過大による減価を行う必要がないことに留意すべきである」旨定められているところである。

本件土地は，本件土地を分譲マンション用地として開発した場合，高圧線下地部分や公的規制（日影規制等）等による制限を受けるが，請求人鑑定評価書および原処分庁鑑定評価書でも想定されているように，マンションが建築できない部分に，分譲戸数の半分以上の車両が駐車可能な駐車場施設（機械式２層または３層）の設置が可能であるなど，当該部分を有効に活用することができることが認められ，一体利用することが合理的と認められる場合に当たるから，地積過大による減価を行う必要性は認められない。

② また，請求人鑑定評価書では，本件土地について，規模が大きいことに伴う市場参加者限定の程度を考慮して，規模格差（40%）による減価を行っているところ，本件土地は間口が広く二方が道路に面しており，幅員の広い正面道路の北西側に位置しているため，日照・通風性に優れており，最寄り駅への接近性および都心部への交通利便性にも優れ，徒歩圏内の商業施設，業務施設等が充実していることなどから，生活環境の面における希少性が高いことが認められ，本件土地は，同一需給圏内の他の土地と比べても，主な需要者であるマンション開発業者等の需要は多いものと考えられるから，市場参加者が限定される理由に乏しく，本件土地には，規模が大きいことに伴う市場参加者限定の程度を考慮する必要性は認められない。

以上のとおり，本件土地には規模が大きいことによる減価の必要性は認められないことから，請求人鑑定評価書における比準価格は合理的に試算されたものとは認められない。

⑵　評価通達の定めによらないことが正当と認められる特別の事情の有無

請求人鑑定評価額は，開発法による価格を重視し，比準価格を比較考量して決定されているところ，上記のとおり，いずれの試算価格も合理性が認められないことから，請求人鑑定評価額は，相続開始日における本件土地の客観的交換価値を表しているとは認められず，他に評価通達の定めにより評価した価額が本件土地の時価を上回るとする事実も認められないことからすると，本件土地の価額について，評価通達の定めによらないことが正当と認められる特別の事情はないといえる。

したがって，本件土地の価額は，評価通達に定められた評価方法により評価することが相当である。

コメント　本件土地の最有効使用は区割後，低層戸建住宅の敷地とは考えにくく，敷地全体を面として使うマンション，店舗付マンション，店舗または事務所ビル等になるのかと思われる。

基準容積率は300%であるが，本件土地には275,000ボルトの送電線路のための地役権が設定されているため建造物の築造が制限されている。請求人は，「その消化可能容積率が約150%の画地」と述べている。容積率が300%から150%に制限されれば，土地の有効利用が制限され地価への影響も大きい。

これらの制限があるのであれば，本件土地のたとえばマンションの建築図面を建築士に依頼して，制限がない場合および送電線による制限がある場合の建築できる戸数の違いが明確になれば，それに合わせて収益価格を出すことにより土地の利用制限による減価が分かってくる。

したがって，土地の規模が大きいことに伴う市場参加者限定の程度を考慮して規模格差による減価を△40%とするのではなく，土地の利用制限による減価をも考えるべきである。

請求人の主張の中で，「容積率の面からの検討を踏まえるため，容積率の低い第一種低層住居専用地域の取引事例を採用した」とあるが，本件土地と類似する用途地域の取引事例を採用すべきである。このような事例の選択により比準しても適正な価格とは言えない。

【9】借地権付分譲マンションで，多数の借地権者が存在し，借地権と底地とが併合される可能性が低く，当分の間名義変更料，建替承諾料等の授受も期待できないと判断される底地は，特別の事情があると判断されるので，不動産鑑定士による評価が相当とされた事例

（東裁(諸)平9第83号・平成9年12月10日）

本件土地の概要 本件土地には鉄筋コンクリート造8階建ての借地権付分譲マンション（以下，「本件建物」という）が立っており，本件相続開始日現在，15名の区分所有者がいる。

請求人の主張 請求人は，本件相続により取得した本件土地について，評価通達の定めに基づき，1億2,728万95円と評価して申告書を提出し，その後，本件土地の価額を1億2,135万2,272円（以下，「本件評価額」という）とする更正の請求に対し，これを認める減額の更正処分を受けたが，本件評価額は次に述べるとおり本件土地の評価額としては過大である。

① 評価通達では，底地の価額は，自用地としての価額から借地権の価額を控除した金額により評価する（以下，この評価方式を「借地権価額控除方式」という）こととしており，本件の場合，借地権の価額の割合（以下，「借地権割合」という）が70％であるから，本件土地の価額は自用地としての価額の30％となるが，そのような高値での取引は借地権者が買い受ける場合を除いて皆無であり，底地単独ではそれだけの経済価値はない。

② 本件土地は，一般の底地と異なり，借地権者が多数存在する分譲マンションの底地であるという特殊性を有し，その時価は一般の底地に比べてもより一層劣る土地である。

したがって，本件土地の時価は，請求人ら依頼の鑑定評価額2,000万円である。

原処分庁の主張 原処分は，次のとおり適法であるから，審査請求を棄却するとの裁決を求める。

本件土地の価額は，取引事例の1㎡当たりの譲渡価額に公示価格から求めた下落率を乗じて時点修正し，相続開始日現在の譲渡価額を算出した後，本件土地と取引事例との距離的な価格差を相続税評価額の価格差を基に修正すると，これら

の価額は相続税の課税価格に算入された本件評価額を上回っている。

また，本件評価額が本件相続開始日における本件土地の時価を上回っているというような特別の事情は認められない。したがって，原処分庁が本件土地の価額を相続税法第22条に規定されている時価を上回って算定した事実はないから，請求人の主張には理由がない。本件評価額は，相続開始日における本件土地の時価を上回っているとは認められないから，原処分庁が更正の請求に対し通知処分をしたことは適法である。

審判所の判断　本件審査請求の争点は，底地の評価方法および本件土地の価額の多寡であるので，以下，審理する。

(1)　底地の評価方法について

請求人は，原処分庁は，本件土地の価額を借地権価額控除方式によって算定しているが，同方式による評価通達の定めは相続税法第22条の規定の趣旨に反する旨主張するので検討したところ，次のとおりである。

相続税法第22条は，相続財産の価額は，特別の定めのある場合を除き，当該財産の取得時における時価による旨規定しており，この時価とは，相続開始時において，それぞれの財産の現況に応じ，不特定多数の当事者間で自由な取引が行われる場合に通常成立すると認められる価額，すなわち客観的な交換価値を示す価額をいうものと解される。しかし，相続税の課税対象となる財産は多種多様であり，各種財産の時価を客観的かつ適正に把握することは必ずしも容易ではないこと，納税者間で評価が区々になることは課税の公平の観点からみて好ましいことではないことから，課税庁は，事務の統一性を図ることなどのために，評価通達を定め，各種財産の時価の評価に関する原則およびその具体的評価方法を明らかにし，さらに，土地の価額については具体的に路線価等を定めて，部内職員に示達するとともに，これを公開することによって，納税者の申告・納税の便に供していることが認められる。

しかしながら，通達は，上級行政庁の下級行政庁に対する命令であって法規たる性質を有さず，それ自体は納税者を拘束するものではなく，納税者は，通達に示されている行政庁の解釈に当然従わなければならないものではないから，相続財産である土地の価額が路線価等を下回ることが証明されれば，評価通達の定め，または路線価等を適用しなくてもよいことはいうまでもない。

したがって，評価通達における借地権価額控除方式による評価の定めが，相続税法第22条の規定の趣旨に反する旨の請求人の主張は採用することができない。しかしながら，底地が，地代徴収権に加えて，将来借地権を併合して完全所有権となる潜在的価値に着目して価格形成されていると認め難い特別の事情があることにより，借地権価額控除方式によって評価することが著しく不適当と認められる場合には，相続税法第22条の時価を算定するために他の合理的な方式によることも相当と解される。

⑵　本件土地の価額について

請求人の提出資料，原処分関係資料および当審判所の調査したところによれば，次の事実が認められる。

①　請求人は，本件土地の価額を鑑定評価額を基に2,000万円として本件更正の請求をしていること。

②　本件土地上には，鉄筋コンクリート造8階建ての借地権付分譲マンションが存在すること。

③　本件土地の賃貸借契約書には，おおむね次の記載があること。

契約日：昭和44年9月1日

賃料：17,157円／月

借地期間：契約日から60年

使用目的：本件建物の建築保有

特約：本件建物のうち，3階以上の住居部分を第三者に売却することを認める。本件土地上に存する借地権のうち，その3階以上の住居部分に付属する範囲は全体の4割とする。本件建物の3階以上の各区分所有者が本件土地の借地権の準共有持分を譲渡するに際し，文書による承諾依頼があった場合には，請求人は契約期間内に限り無条件で承認する。本件建物の2階以下の区分所有者が本件土地の借地権の準共有持分を譲渡する時には，請求人の承認を得なければならない。

④　請求人らは，本件土地の価額は，鑑定評価額である旨主張するので検討したところ，次のとおりである。

㈠　鑑定評価書は，本件土地に係る本件公租公課の金額を57万5,730円と算定しているが，当審判所で算定したところ，64万3,300円となるから，鑑定評価書の算定額を相当と認めることはできない。

(ロ) 鑑定評価書は，地代収入の３％相当額をその他管理費等として認定しているが，その内容に具体性がなく，かつ，当該費用等についての証拠資料の提出もないので，これを相当と認めることはできない。

(ハ) 鑑定評価書では，比準価格の算定をしているが，その中で本件土地が標準的底地と比較して３分の１とする根拠が不明確であり，結果的には実際賃料に基づく収益還元法のみにより評価しているものといわざるを得ず，不動産鑑定評価基準の定めに照らしても，不相当なものと認められる。

以上のとおり，鑑定評価書には種々の不的確な点が認められるので，この点に関する請求人の主張は採用することはできない。

⑤ 一方，原処分庁は評価通達に基づき本件評価額を算定しているが，借地権価額控除方式による底地価額は，一般的には相当であるとしても，本件土地については，上記のとおり借地権付の分譲マンションの敷地であることから多数の借地権者が存在しており，かつ，当該借地権は建物の区分所有権とともに独立した市場を有していると認められることからみて，本件土地と当該借地権とが併合し，完全な土地所有権となる可能性は著しく低いものと認められること，および上記の契約条件からすれば，本件建物の３階以上の住居部分については将来において名義書換料等の一時金の取得が期待できないものと認められるところ，これらの特別の事情は，底地が地代徴収権に加えて将来借地権を併合して完全所有権となる潜在的価値に着目して価格形成されると認め難い場合に該当するとみることができるから，本件土地については，その価額を借地権価額控除方式のみによって評価することは相当でないと認められる。

⑥ 当審判所においても，本件土地の評価額を検証するために取引事例比較法による検証を試みたが，第三者間における底地の取引事例を確認することができなかったことから，これを基に比準価格を試算し，本件土地の価額を検証することができない。そこで，当審判所が依頼した不動産鑑定評価は，更地価額に底地割合を乗じ，底地価額を求める方法による価格１億8,300万円および収益還元方式による価格2,810万円を基に，本件土地の価額を3,000万円と評価しているので，当審判所が，鑑定評価書について，鑑定評価基準等に照らして検討したところ，上記のとおり，割合方式による価格と収益還元方式による価格の間にかい離が生じていることが認められるが，こ

れは投機的取引による土地価格の上昇と地代等の収益の遅行性等によるものと考えられる。

ところで，一般的な底地価額については，地代徴収権に相応する価格を中心に将来期待される更新料，条件変更承諾料等の一時金および借地権と一体化することにより完全所有権に復帰する期待性を加味して形成されるものであり，評価手法としては実際支払賃料に基づく純収益を還元して得た価格および比準価格を関連付けて決定されるものとされているが，都心部等の借地権の取引慣行が成熟している地域では，底地価額は，単に地代徴収権に着目したものではなくむしろ将来，借地権を併合して完全所有権とする潜在価値に着目して価格形成されているところである。このような場合には，更地価額から借地権価額を控除した残余の部分が底地価額相当額となる。

しかし，本件は借地権付マンションに対応する底地であり，多数の借地権者が存在し，借地権は建物の専有部分と一体となり，各区分所有権の目的となっているため借地権と底地とが併合される可能性は低く，また，当分の間は，名義変更料，建替承諾料等の授受も期待できないこと，および借地権と底地は別個の市場を有していること等から，更地価額から借地権価額を控除した残余の部分が底地価額となるとは限らないこととなる。

したがって，これらのことを総合勘案すれば，割合方式による価格と収益還元方式による価格の双方を調整の上評価した鑑定評価額は相当と認められるので，同鑑定評価額に基づき，本件土地の本件相続開始日の価額は3,000万円であると認めるのが相当である。

コメント 借地権付分譲マンションの付着した底地の評価について争いになった事例である。

請求人は底地の価額は特別の事情があるとして更地価格から借地権価額を控除した残余の部分を底地価額とする借地権価額控除方式ではなく，不動産鑑定による価額が時価であると主張するが，審判所は，割合方式による価格と収益還元方式による価格を調整して評価した鑑定評価額 3,000 万円が相当であると判断した。

本件土地が不動産鑑定士による鑑定評価額になった大きなポイントは，本件土地上には鉄筋コンクリート造８階建ての堅固な建物が存し，本件相続開始日現在 15 名により区分所有されていたことである。

一般的な底地価額は，更地価額から借地権価額を控除した残余の部分を底地の価額とする借地権価額控除方式を採用しているが，本件は借地権付分譲マンションに対応する底地であり，多数の借地権者が存在し，借地権は建物の専有部分と一体となり，借地権と底地が併合される可能性が低いこと，名義変更料，建替承諾料の授受が期待できないこと，借地権と底地は別個の市場があって，更地価額から借地権価額を控除した部分が底地価額となるとは限らない等の理由に基づき，評価通達による価額によらず，審判所が依頼した不動産鑑定士の鑑定評価額が本件相続開始日の価額に相当であると判断した。

【10】借地権付分譲マンションの敷地として貸し付けられている土地（底地）の評価は，特別の事情があるので評価通達に基づく価額（路線価による価額）によらず，不動産鑑定による評価額とされた事例

（東裁(諸)平9第86号・平成9年12月11日）

本件土地の概要 本件土地（280.19㎡）には賃借権が設定され，その存続期間は昭和52年2月1日から60年間である。

本件土地には昭和52年に鉄骨鉄筋コンクリート造陸屋根，地下1階建付10階建ての借地権付分譲マンションが建てられ，本件相続開始日現在84名により区分所有されている。

借地権付分譲マンションの敷地として貸し付けられている土地（底地）を相続した請求人が，原処分庁のいう路線価方式による価額7億2,494万4,665円ではなく，請求人の提出した鑑定評価額2億円とすべきであると主張し，争いになった事例である。

請求人の主張 原処分は次の理由により違法であるから，その全部の取消しを求める。

請求人が本件相続により取得した本件土地について不動産鑑定士の鑑定評価額2億円で申告したところ，原処分庁は，評価通達に基づき算定した評価額（以下，「相続税評価額」という）に基づき，本件土地を7億2,494万4,665円と評価し，本件更正処分をしたが，本件相続税評価額は過大である。

一般的に底地（宅地について借地権の付着している場合における当該宅地の所有権をいう。以下，同じ）を第三者が買い受けるとした場合，底地としての価額（以下，「底地価額」という）は，地代徴収権に相当する価格，将来見込まれる一時金の経済的利益および借地権が消滅し完全所有権に復帰することによる当該土地の最有効使用の実現の可能性，市場性および担保価値の回復等による経済的利益を加味して形成されるものであるが，本件土地の場合，将来の一時金も完全所有権への復帰も非常に考えにくい状況にあるところから，実際支払賃料に基づく純収益を還元して求めた収益価格，すなわち，収益還元法を重視した鑑定評価額が本件土地の経済的価値を最も忠実に反映している。

原処分庁の主張　原処分は，次の理由により適法であるから，審査請求を棄却するとの裁決を求める。

本件土地の価額は，記載した本件売買実例の1㎡当たりの譲渡価額および本件基準地の標準価格に，それぞれ，本件基準地の標準価格に基づく時点修正率を乗じて，相続開始日現在の譲渡価額を算出した後，本件土地との距離および画地条件による価格差を路線価および評価通達を基に修正すると，これらの価額は，いずれも本件相続税評価額7億2,494万4,665円を上回っている。

また，本件土地の価額は更地価額に対して20％であるので，この割合を鑑定評価書に記載されている1㎡当たりの本件土地の更地価額1,610万円および地積280.19㎡に乗ずると，本件土地の価額は9億221万1,800円となり，本件相続税評価額7億2,494万4,665円を上回ることとなる。したがって，本件土地の価額は，本件相続税評価額が相当である。

その結果，請求人の本件相続に係る相続税の課税価格および納付すべき税額は，いずれも更正処分に係る金額と同額となるから，本件更正処分は適法である。

以上のとおり，本件更正処分は適法であり，かつ，請求人には国税通則法第65条《過少申告加算税》第4項に規定する正当な理由があるとは認められないから，同条第1項および第2項の規定に基づき行った本件賦課決定処分は適法である。

審判所の判断　本件審査請求の争点は，本件土地の評価額の多寡であるので，以下，審理する。

本件土地の価額について，請求人提出資料，原処分関係資料および当審判所が調査したところによれば，次の事実が認められる。

① 本件土地に係る不動産登記簿によれば，本件土地には昭和52年2月1日に賃借権が設定され，同月18日に登記されていること，および当該賃借権の存続期間は昭和52年2月1日から60年間で，譲渡，転貸できる旨が記載されていること。

② 本件土地には，昭和52年に鉄骨鉄筋コンクリート造地下1階付10階建ての借地権付分譲マンションが建築されており，現在84名により区分所有され，本件土地には賃借権敷地権の登記がされていること。

③ 本件土地に係る昭和52年2月1日付の土地賃貸借契約書によれば，賃借人は，賃貸人の同意を得ないで本件土地の全部または一部の賃借権を譲渡・

転貸し，他人に使用させることができる旨記載されていること。

④　請求人は，本件土地の価額について，鑑定評価に基づき2億円と評価して申告したこと。

⑤　原処分庁は，本件土地の価額について，次の算式のとおり，平成4年分の正面路線価1,363万円を基に評価通達の定めを適用し，総額7億2,494万4,665円と評価して本件更正処分をしたこと。

（正面路線価）13,630,000円 × （奥行価格補正率）0.95 ＝ 12,948,500円

12,948,500円 ＋ （（裏面路線価）13,630,000円 × （奥行価格補正率）0.93 × （二方路線影響加算率）0.05 × 1.8/9.6）
＝ 13,067,336円

13,067,336円 × （不整形地補正率）（1 － 0.01） ＝ 12,936,662円

12,936,662円 × （底地割合）20％ × （地積）280.19㎡ ＝ （本件土地の価額）724,944,665円

請求人は，本件土地の価額は鑑定評価書に基づく鑑定評価額とすべき旨主張し，同鑑定評価書は割合方式により求めた価格と実際支払賃料に基づく純収益を資本還元する収益還元法により求めた両試算価格の性格を踏まえ，収益価格を重視し，割合方式により求めた価格をも考量して本件土地の価額を決定したとし，還元利回りについては1％を採用していることが認められる。

ところで，収益還元法における土地の還元利回りは，金融市場において最も一般的と思われる投資利回りを標準に，底地の個別性を考慮し，当該土地の投資対象としての危険性，流動性，資産としての安全性，将来の賃料改定の可能性等を総合的に勘案して決定するのが相当であると認められるが，本件土地の場合，本件土地の存する近隣地域は既に商業地域として成熟していることからすれば，当審判所においても相当と認められる上記の答述内容に照らし，特に低い還元利回りを採用すべき事由は認められないので，鑑定評価書が1％の還元利回りを採用して収益価格を算出したことを相当ということはできない。

原処分庁は，本件相続税評価額が，本件売買実例および本件基準地に基づく本件土地の更地価額に底地割合20％を乗じて算定した本件土地の価額を上回って

いないから，本件相続税評価額は，相続税法第 22 条の規定による本件土地の時価を上回ってはいない旨主張する。

しかしながら，借地権付分譲マンションの敷地であることから多数の借地権者が存在しており，かつ，当該借地権は建物の区分所有権とともに独立した市場を有していると認められることからみて，本件土地と当該借地権とが併合し，完全な土地所有権となる可能性は著しく低いものと認められること，および上記の契約条件からすれば，将来において名義書換料等の一時金の取得が期待できないものと認められるところ，これらの特別の事情は，上記に述べた底地が，地代徴収権に加えて将来借地権を併合して完全所有権となる潜在的価値に着目して価格形成されると認め難い場合に該当するとみることができるから，本件土地については，その価額を借地権価額控除方式のみによって評価することは相当でないと認められる。

また，原処分庁は，請求人が主張する上記の特別の事情は，借地法等の規定と比較すると，通常一般的なものであり，取り立てて請求人に不利となるべき事情がない旨主張する。しかしながら，本件土地については，借地権価額控除方式のみによって評価することは相当でない特別の事情があると判断されるから，この点に関する原処分庁の主張は採用することができない。

ところで，当審判所においても，本件土地の評価額を検証するために，取引事例比較法による検証を試みたが，第三者間における底地の取引事例を確認することができないため，これを基に比準価格を試算し，本件土地の価額を検証することができない。そこで，当審判所が鑑定評価を依頼したところ，平成 9 年 10 月 9 日付の不動産鑑定評価書の提出があり，その鑑定内容は，割合方式による価格 7 億 5,000 万円および収益還元方式による価格 5,190 万円を基に，本件土地の価額を 6,000 万円と評価しているので，当審判所が，上記における判断を基に，鑑定評価書について不動産鑑定評価基準等に照らして検討したところ，次のとおりである。

一般的な底地価格については，地代徴収権に相応する価格を中心に将来期待される更新料，条件変更承諾料等の一時金および借地権と一体化することにより完全所有権に復帰する期待性を加味して形成されるものであり，評価方法としては実際支払賃料に基づく純収益を還元して得た価格および比準価格を関連付けて決定されるものとされているが，都心部等の借地権の取引慣行が成熟している地域では，底地価額は，単に地代徴収権に着目したものではなく，むしろ，将来，借地権を併合して完全所有権とする潜在価値に着目して価格形成されているところである。このような場合には，更地価額から借地権価額を控除した残余の部分が底地価額相当額となる。しかし，本件は借地権の登記および区分所有建物の敷地としての敷地権登記のある借地権付マンションに対応する底地であり，多数の借地権者が存在するので，借地権と底地とが併合される可能性は著しく低く，また，名義変更料の授受も期待できないこと，および借地権と底地は別個の市場を有していること等から，更地価額から借地権価額を控除した残余の部分が底地価額となるとは限らないこととなる。

したがって，これらのことを総合勘案すれば，割合方式による価格と収益還元方式による価格の双方を調整の上評価した鑑定評価額は相当と認められるので，同鑑定評価額に基づき，本件土地の本件相続開始日の価額は6,000万円であると認めるのが相当である。

以上のとおり，本件土地の価額は2億円を下回ると認められるので，本件更正処分はその全部を取り消すべきである。

上記のとおり，本件更正処分の全部の取消しに伴い，本件賦課決定処分はその全部を取り消すべきである。

コメント 本件土地の評価が借地権価額控除方式ではなく不動産鑑定書による評価が採用された理由について審判所は次のように述べている。

「しかしながら，原処分庁が採用した本件売買実例は，同族関係者間の取引であり，同実例から比準して本件土地の価額を算定することには疑問があること，および評価基本通達に基づく借地権価額控除方式に係る底地は，一般的には相当であるとしても，本件土地については，借地権付分譲マンションの敷地であることから多数の借地権者が存在しており，かつ，当該借地権は建物の区分所有権とともに独立した市場を有していると認められることからみて，本件土地と当該借地権とが併合し，完全な土地所有権となる可能性は著しく低いものと認められること，および将来において名義書換料等の一時金の取得が期待できないものと認められるところ，これらの特別の事情は，底地が地代徴収権に加えて将来借地権を併合して完全所有権となる潜在的価値に着目して価格形成されると認め難い場合に該当するとみることができるから，本件土地については，その価額を借地権価額控除方式のみによって評価することは相当でないと認められる。」

すなわち，底地の評価は「借地権価額控除方式」に基づくものと定めているが，上記のごとく借地権付分譲マンションの底地（貸宅地）の評価は，①多数の借地権者が存在すること，②本件土地と当該借地権とが併合して完全な土地所有権となる可能性が著しく低いこと，③名義書替料，建替承諾料等の一時金の取得が期待できないこと，④借地権と底地は別個の市場があって，更地価額から借地権価額を控除した部分が底地価額となるとは限らない等の特別の事情がある場合には，その価額を借地権価額控除方式のみによって評価することは相当でないと審判所は判断し，一つの指針を示したのではないかと判断する。

本件裁決で，一定の条件はあるが，借地権付分譲マンションの底地の評価において，借地権価額控除方式による路線価方法によらず，不動産鑑定評価書による収益還元法による評価が認められたことは実務上大きいと言える。

【11】相続により取得した土地の価額は鑑定評価額が相当であるとして更正の請求をしたが，鑑定をとる特別の事情はないとした事例

（関裁（諸）平 24 第 55 号・平成 25 年 6 月 11 日）

本件土地の概要　本件土地（1,093.10 ㎡）は，本件相続開始日において建築途中であった請求人の自宅の敷地として利用されていた。本件土地は第一種住居地域（建ぺい率 60%・容積率 200%）に所在し，三方路に接面する不整形地である。

請求人の主張　本件は，請求人が，相続により取得した土地の価額は不動産鑑定士による鑑定評価額が相当であるとして，相続税の更正の請求をしたところ，原処分庁が，当該土地の価額は評価通達に基づく評価額によることが相当であるが，申告額の一部が過大であるとして相続税の一部を減額する更正処分を行ったのに対し，請求人が同更正処分の一部の取消しを求めた事案である。請求人は，評価通達の定めに基づき本件土地の価額を評価していたが，評価額が過大であったとして，平成 22 年 12 月 20 日付け不動産鑑定書記載の鑑定評価額に減額することを求める更正の請求をした。平成 24 年 3 月 22 日にされた異議申立ての内容は，本件土地について平成 24 年 2 月 21 日付け不動産調査報告書に記載された評価額によることを求めるものである。本件報告書に記載のとおり，本件土地の評価額は，評価通達に定められた評価方法に基づき算定した評価額を大きく下回っており，このことから，本件土地には「評価通達の定めにより難い特別の事情」があるといえる。

以上のことから，本件土地の価額は，本件報告書記載の本件土地の評価額 6,009 万円によるべきである。

原処分庁の主張　本件土地に係る個別の事情は評価通達に定められた評価方法に基づき適切に考慮されており，その他に考慮すべき個別の事情が存在するとは認められない。「評価通達の定めにより難い特別の事情」とは，評価通達に定める評価方法を画一的に適用した場合には適正な時価が求められず，その評価額が不適切なものとなり，著しく課税の公平を欠く場合をいうのであるから，本件報告書記載の本件土地の評価額が評価通達に定められた評価方法

に基づく評価額よりも大幅に低いことのみをもって，上記の特別の事情があるということはできない。

以上のことから，本件土地の価額は，評価通達に定められた評価方法により算定した評価額1億9,038万6,487円によるべきである。

審判所の判断　本件不動産鑑定士の当審判所に対する答述によれば，以下の各事実が認められる。

① 本件報告書は，「不動産鑑定評価基準」および「不動産鑑定評価基準運用上の留意事項」（以下，これらを併せて「不動産鑑定評価基準等」という）に則ったものではなく，不動産業者が行う価格査定と同程度のものである。

② 本件不動産鑑定士は，本件添付資料に「収益還元法を適用していない」との記載があったことから，本件土地の最有効使用を「賃貸用共同住宅の敷地」とした。

③ 本件不動産鑑定士は，本件土地の価額については，収益還元法により算定した試算価格のみで価額を決定し，比準価格や公示価格との比較検討を特に行わなかった。

請求人は，本件土地の評価額について，原処分庁が評価通達の定める評価方法により算定した本件土地の評価額と，本件報告書における本件土地の評価額が乖離しているから，評価通達により難い特別の事情が存在し，それゆえ本件報告書の評価額が本件土地の客観的交換価値である旨主張するものと解される。しかし，一般に評価額の乖離は，評価通達の適用上の過誤，不動産鑑定評価における試算価格算定方法の選択の誤りまたは同試算価格算定過程における適用の誤り等に起因する場合もありえ，単に上記乖離の発生の一事をもって上記特別の事情があるとすべきではない。したがって，本件の争点の判断においては，本件報告書記載の本件各土地の評価額が客観的交換価値を算定する合理的な方法に基づいた評価額となっているか否かについて検討すべきである。

しかしながら，本件土地等周辺地域の状況からは，本件土地について共同住宅の形態を賃貸用に限定し，分譲用を除外するという理由は見当たらない。また，本件鑑定は，賃貸用とした理由について本件鑑定書に対する税務署の意見を受けて収益還元法を採用した旨答述する。したがって，共同住宅を賃貸用のものに限定する合理的な理由には当たらず，さらに，上記のとおり，他の評価方法を検討しないことにも合理性は認められない。よって，貸付けによる収益還元法による試算価格のみによって決定した本件土地の評価は，客観的交換価値を算出する合理的な方法とはいえない。

以上のとおり，本件報告書で採用された評価方法はいずれも客観的交換価値を算出する合理的な方法であると認めることはできず，したがって，本件報告書記載の本件土地の評価額を時価と認めることはできないから，請求人が主張する評価額の乖離が評価通達の定めにより難い特別の事情により生じたものであるという事実は認定できない。また，当審判所の調査の結果によっても，本件土地につき，他に評価通達の定めにより難い特別の事情があるとは認められない。よって，本件土地の価額は，評価通達の定めに基づいて算定するのが相当である。

コメント　土地（更地）の鑑定評価にあたっては，不動産鑑定評価基準によれば，「更地の鑑定評価額は，更地並びに自用の建物及びその敷地の取引事例に基づく比準価格並びに土地残余法による収益価格を関連づけて決定するものとする。再調達原価が把握できる場合には，積算価格を関連づけて決定すべきである」と記載されている。したがって，三手法を使えない場合は，その理由を鑑定書に明記することになる。ここでは，最有効使用が賃貸用共同住宅か分譲用共同住宅かの特定した理由が明記されていないということが争点となり，鑑定書の信頼を確保できなかったようである。明確な理由がない場合，その鑑定書は信ぴょう性に欠けることになるので，注意が必要である。

なお，本件においては，当初鑑定評価書をもって更正の請求をしていたが，不動産調査報告書に差し替えて異議申立てをしている。鑑定評価書と調査報告書ではその内容が大いに異なり，調査報告書では争いをするには不備な点が多く，本件において多くの指摘を受けている通りである。調査報告書では価格の減価内容を十分に説明しきれず，その結果，審判所から適正を欠くと指摘を受けることになる。本来ならば鑑定評価書をもって時価を説明する必要があるが，本件においては調査報告書に基づいて時価を説明しきれなかったことは残念である。鑑定評価書をもって信頼を担保したいものである。

【12】建築基準法上の道路に接面していない本件土地の時価について請求人および原処分庁の行った両鑑定額とも採用できないとして，審判所において取引事例比較法による比準価格および公示価格を規準とした価格により本件土地の価額を算定した事例

（平成 13 年 3 月 5 日裁決・公開）

本件土地の概要　本件土地は，A 土地：662 番および 663 番所在の雑種地（地積 1,186 ㎡）と，B 土地：664 番，665 番および 674 番所在の農地（地積 1,111 ㎡）である（公簿面積 2,238 ㎡）。

本件市道（1 号線）は幅員 3.64m で，その東側には 2 号線（幅員 1.82m，長さ 39.26m）が接するが，建築基準法第 4 条第 2 項に規定する道路（2 項道路）には

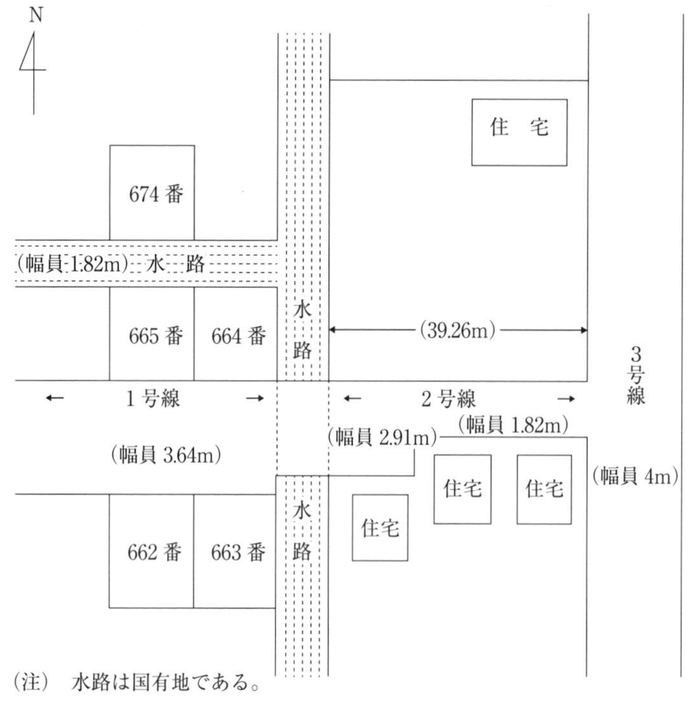

（注）　水路は国有地である。

該当しない。

665番と674番の土地の間には幅員1.82mの水路が介在し，674番の土地は道路に接していない。

請求人の主張 原処分は，次の理由により違法であるから，その全部の取消しを求める。

本件市道は，その東側には2号線が接して，本件公道に通じている。したがって，開発を考える上では，このように幅員の狭い道路部分を拡張しなければならず，拡張のためには，当該土地の所有者から土地を買い取る必要があるが，当該土地所有者から売却の承諾を得ることは極めて困難であり，買い取るときの価格は，いわゆる相場よりも相当の高値になる。仮に買取りができたとしても，道路の拡張工事費の負担を要し，開発に当たり諸経費の負担が多くなり，有効に宅地として本件土地を利用することができない。そこで，本件土地を開発するにはその周辺地域を取り込む必要があり，対象土地周辺に類似の土地が8,000㎡ないし10,000㎡が実在したので，これを基準としたことは正当である。

原処分は，本件土地の時価を原処分庁鑑定書を基準として決定しているが，次のとおり原処分庁鑑定書には重大な誤りがあり，本件土地を過大に評価している。

本件土地については，建築基準法上の接道の要件が充足されていないのであるから，宅地化するには，建築基準法上の道路まで接続する通路または用地といった他の土地を取得するという偶発的な条件が成就されない限り，宅地化することはできない。しかし，原処分は，建築基準法上の接道の要件を充足しない点につき何ら釈明をせず，開発や宅地としての評価につき何ら影響を与えないとの前提を採るが，これが不動産鑑定の適正な方法に矛盾することは明らかである。また，一般に畑や山林の素地を宅地造成した場合，有効宅地造成率は最高で7割，地勢のいかん，地区計画等の地域規制にあっては，5割にも低下することは周知の事実である。したがって，開発法による価格を重視した原処分庁鑑定評価額は過大といわざるを得ない。

請求人鑑定書には，何ら過少評価の事実はなく，むしろ原処分庁鑑定評価額は何ら合理性がなく，本件相続開始日の現況に照らし，本件土地を過大に評価したものといわざるを得ない。

本件土地の時価は，A土地が10万5,000円/㎡，B土地が9万5,000円/㎡となるから，A土地およびB土地の相続税の課税価格に算入すべき価額は，それぞれ1億2,453万円および1億554万5,000円となり，本件土地の価額は2億3,007万5,000円とするのが相当である。

原処分庁の主張　原処分は，次の理由により適法であるから，本件審査請求をいずれも棄却するとの裁決を求める。

本件市道は2項道路に該当するものである旨の主張については，原処分庁鑑定書を作成した不動産鑑定士に確認したところ，本件市道を2項道路としたのは誤りであることが判明したので，当該部分に係る主張は訂正する。

しかし，原処分庁鑑定書は，開発法による価格を重視して原処分庁鑑定評価額を決定しているところ，本件土地の開発法による価格はA土地およびB土地ごとにそれぞれ査定され，造成費，開発面積等所与の条件に従って鑑定評価されているから，合理性がある。

請求人鑑定評価額は，次の理由により本件相続開始日における本件土地の時価を正しく表したものとは認められないから，採用することはできない。

請求人鑑定書では，開発法による価格の決定に当たり，本件土地の周辺での開発予定面積を約8,000㎡の地目田（現況畑）を一括して開発することを想定し，開発に係わる費用等を控除して本件近隣地域の標準的な宅地見込地として評価額を求めているが，本件土地の面積の12倍を超える開発予定面積を想定した結果，有効面積割合が59.9%となるなど，所与の条件に基づいて鑑定評価されたか否か明らかでない。

以上のとおり，A土地およびB土地の価額は，それぞれ1億4,500万円および1億3,300万円となり，本件土地の相続税の課税価格に算入すべき価額は，2億7,800万円とするのが相当であり，これらの金額を基に課税価格および納付すべき税額を計算すると，異議決定の金額と同額となるから本件更正処分は適法である。

審判所の判断　請求人および原処分庁の双方とも本件土地の評価においては，本件市道の路線価は時価を上回るとして，評価通達に定める路線価を採用しないことについては争いがない。しかしながら，本件土地の価額につき，請求人は，請求人鑑定評価額が本件土地の価額である旨主張し，これに対し，原処分庁は，原処分庁鑑定評価額が本件土地の価額である旨主張するので，当審判所において，本件土地を取得した時における客観的な交換価値を示す価額および双方の鑑定評価額の適否について検討すると，次のとおりである。

請求人鑑定書の取引事例比較法に採用された4件の取引事例のうち，取引事例3の取引地積は本件土地に比べ過小であることから，この取引事例は，本件土地の時価を算定するための比準価格を求める比準対象としては適切な事例とは認められない。

請求人鑑定書をみると，「想定更地からの減額価格は，転換後・造成後の更地価格から工事費等を控除して求めたもので，理論的である。しかし，計算過程に想定部分も多く難もある。」と記載されており，想定部分が多々あることは請求人の依頼した不動産鑑定士も自認している。当審判所の調査によっても，開発予定面積および取付道路の買収費等の計算根拠等に不明な点がある。

以上のとおり，請求人鑑定書には種々の不適格な点が認められることから，請求人鑑定評価額は本件土地の時価を表したものとは認められない。

原処分庁鑑定評価書の取引事例比較法に採用された3件の取引事例のうち取引事例1は，その用途地域が準工業地域であり，本件土地の用途地域（第1種低層住居専用地域）と異なっていること，および取引事例3は売り急ぎであるから事情補正として70分の100を乗じているが，その算定根拠が不明であり，この補正の内容は疑問であることから，これらの取引事例は，本件土地の時価を算定するための比準対象としては適切な事例とは認められない。

原処分庁は，請求人の指摘に基づき本件市道が2項道路に該当しないことを認めながらも，原処分庁鑑定書は開発法による価格を重視しているから，原処分庁鑑定評価額は合理性がある旨主張する。

しかし，原処分庁鑑定書をみると，分譲収入の査定に当たり，同一需給圏内の類似地域等に所在する取引事例価格等を比較検討して，開発計画に基づく分譲価格をA土地については1㎡当たり18万8,000円，B土地については1㎡当たり19万円としているが，同鑑定書には類似地域等の所在および取引事例価格等の記載がなく査定の根拠が不明である。

以上のとおり，原処分庁鑑定書には種々の不適格な点が認められることから，原処分庁鑑定評価額は本件土地の時価を表したものとは認められない。

上記のとおり，請求人鑑定評価額および原処分庁鑑定評価額は，いずれも採用できないから，当審判所において本件土地の価額を算定するが，開発法による価格は，その計算過程に想定部分が多く合理性を欠くことも否定できないので，取引事例比較法に基づく標準画地の比準価格および公示価格を規準とした価格を算定した上で，本件土地の価額を算定するのが相当と認められる。

ところで，請求人鑑定書の取引事例１および原処分庁鑑定書の取引事例２は同一地であり，当審判所の調査によっても，取引事例として相当であると認められる。

そこで，上記の取引事例および本件公示地ならびに当審判所が近隣の地域の中から同規模の土地に係る事例として抽出した取引事例を基に，当審判所においても相当と認める基準の一つである土地価格比準表に準じて，地域要因および個別的要因等の格差補正を行って本件相続開始日における本件土地の価額を算定したところ，A土地とB土地の更地としての価額は合計２億2,998万2,097円となる。

以上のとおり，当審判所が取引事例等により算定した価額（２億2,998万2,097円）は，請求人申告額（２億3,007万5,000円）を下回ることとなり，請求人申告額はこれを不相当とする理由は認められないから，本件更正処分はその全部を取り消すべきである。

コメント

本件土地の価額について，請求人は不動産鑑定士の不動産鑑定評価額であると主張する。また，原処分庁も原処分庁の依頼した不動産鑑定士の不動産鑑定評価額であると主張するが，審判所は双方の価額について検討したが，取引事例や個別的要因等の格差補正に不的確なところがあるので双方の鑑定評価額を本件土地の時価とは認められないとした。

審判所は本件土地の価額を土地価格比準表に準じて，取引事例を基に算定したところ，請求人申告額を下回るので，請求人申告額は相当と認める理由がないと判断した。

請求人鑑定書の取引事例比較法に採用された事例の地積が本件土地に比べ過少であるため比準価格を求める事例としては不適切であると審判所からの指摘がある。本件土地の地積と類似する事例を採用するように注意したいものである。

請求人評価書の開発法による価格について，請求人鑑定書をみると，「想定更地からの減額価格は，転換後，造成後の更地価格から工事費等を控除して求めたもので，理論的である。しかし，計算過程に想定部分も多く難もある」と記載されており，想定部分が多々あることは請求人の依頼した不動産鑑定士も自認していると指摘するとともに，審判所の調査によっても，開発予定面積および取引道路の買収費等の計算根拠等に不明な点があると認められたので，請求人鑑定評価額は本件土地の時価を表しているとは認められないと審判所は判断した。

【13】相続により取得した土地について不動産鑑定士が作成した「不動産鑑定評価報告書」記載の評価額が本件各土地の相続開始時の時価として認められなかった事例

（関裁（諸）平28第24号・平成29年1月24日）

本件土地の概要

本件は，請求人が，相続により取得した各土地の価額について不動産鑑定士が作成した「不動産鑑定評価報告書」の評価額に基づき相続税の申告をしたところ，原処分庁が，当該各土地の価額は評価通達に基づく評価額によることが相当であるとして相続税の各更正処分および過少申告加算税の各賦課決定処分を行ったのに対し，請求人が，その全部の取消しを求めた事案である。

本件各土地の，本件相続の開始時における現況は次のとおりである。

本件1土地，本件3土地および本件4土地には，それぞれ被相続人が所有する建物が存しており，当該各建物は第三者に貸し付けられていた。

本件2土地は，被相続人が所有する自用の建物および構築物の敷地として利用されていた。

本件5土地は，畑として耕作の用に供されていた。

本件6土地は，第三者が賃借しており，当該第三者所有の建物が存していた。

本件7土地は，第三者が賃借しており，当該第三者所有の倉庫が存していた。

本件8土地は，第三者が駐車場用地として賃借していた。

本件9土地は，被相続人の自宅の敷地として利用されていた。

請求人の主張

不動産鑑定評価基準に準拠して行われた不動産鑑定は一般に客観的な根拠を有するものとして取り扱われるところ，本件各土地の鑑定評価は不動産鑑定評価基準に基づくものであるから，本件報告書に記載された本件各土地の評価額は，本件各土地の「客観的な交換価値」と認められるものである。

本件各土地は，いずれも面大地で，その近隣地域の標準的な土地利用は戸建住宅地であるから，分割利用することが合理的と判断される。そうすると，評価通達では，土地の一体利用を前提とした評価をすることになり，分割利用を前提とした評価とはならず適切でないから，本件各土地については不動産鑑定評価基準に従って評価する必要がある。そして，本件のように住宅地域における面大地については戸建住宅開発業者の参入可能性が容易に推測されることから，戸建住宅開発業者が投資意思決定を行うことを前提とした「開発法に基づく控除価格」が最も信頼のある価格である。

原処分庁の主張 本件各鑑定評価においては，本件１土地から本件４土地までの各土地について，開発法による土地価格から評価通達に定める借家権価値相当分を控除して評価額を決定しているところ，評価通達と不動産鑑定評価基準はそれぞれ異なった理論に基づく評価方法であり，両者の算定方法を組み合わせて適用できるものではない。

更地の鑑定評価額は，比準価格，収益価格および積算価格を関連付け，さらに，当該更地の面積が近隣地域の標準的な土地の面積に比べて大きい場合には，開発法による価格を比較考量して決定されるところ，本件各鑑定評価においては開発法による価格を求めているにすぎず，本件各土地と同規模の開発素地等の取引事例に基づく比準価格が求められていないことからすれば，本件各鑑定評価は不動産鑑定評価基準に従ったものとは認められない。

以上のとおり，本件各鑑定評価は合理性を有しないから，本件各通達評価額が本件各鑑定評価に基づく本件各土地の評価額を上回ることをもって，評価通達に定める評価方法によらないことが正当として認められるような特別の事情がある場合に該当するとは認められない。

審判所の判断 不動産鑑定評価基準は，不動産鑑定士が不動産の鑑定評価を行うに当たってのよりどころとなる統一的基準であるから，不動産鑑定士が不動産の鑑定評価を行う際には，これに従うことを要するところ，不動産鑑定評価基準によれば，更地の鑑定評価額については，更地ならびに建物及びその敷地の取引事例に基づく比準価格と土地残余法による収益価格を関連付けて決定するものとし，再調達原価が把握できる場合には，積算価格をも関連付けて決定すべきであり，当該更地の面積が近隣地域の標準的な土地の面積に比べて大きい場合等においては，さらに開発法に基づき算定した価格を比較考量して決定するものとする旨定めている。

ところが，本件各鑑定評価においては，開発法のみにより評価額を決定しており，取引事例比較法等の他の手法から算定された試算価格に基づく価格となっていない。この点について，請求人は，本件各土地がいずれも面大地であるから，開発法に基づく控除価格が最も信頼のある価格である旨主張する。しかしながら，不動産鑑定評価基準は，開発法について，あくまでも評価対象地の面積が近隣地域の標準的な土地の面積に比べて大きい場合等において比較考量する評価手法として位置付けているにすぎず，不動産鑑定評価基準が面大地を開発法により評価すべき旨定めているということはできないから，本件各鑑定評価は不動産鑑定評価基準における手法を尽くしていないというべきである。

したがって，本件各鑑定評価は不動産鑑定評価基準に従っていない。

本件各鑑定評価は，本件各土地のうち本件1土地，本件3土地および本件4土地の評価に当たって，貸家の敷地として利用されている部分については，評価通達26を適用して更地として求めた評価額から評価通達に定める借地権割合および借家権割合を乗じて計算した価額を控除した価額を評価額としているが，不動産鑑定士が不動産鑑定を行う際に従うべき不動産鑑定評価基準においては，評価通達と同様の手法をとるべきことは定められておらず，この点においても本件各鑑定評価は，不動産鑑定評価基準に従っていないこととなる。また，本件各鑑定評価は，本件2土地に係る評価において，租税特別措置法第69条の4第1項の規定に該当するとして評価額を減額しているが，当該規定は，一定の要件に該当する場合に相続税の課税価格に算入すべき価額を減額するものであり，相続財産の時価の算定に係る規定ではないから，当該規定により本件2土地の評価額を減額することは明らかに誤りである。

以上のとおり，本件各鑑定評価は，不動産鑑定評価基準に従っていない。これに加えて，不動産鑑定評価基準は，総論第1章第4節《不動産鑑定士の責務》(5)において，縁故または特別の利害関係を有する場合など，公平な鑑定評価を害するおそれがあるときは，原則として不動産の鑑定評価を引き受けてはならない旨定めているところ，当審判所の調査および審理の結果によれば，本件不動産鑑定士は，請求人の配偶者であり，また，請求人は，本件不動産鑑定士が所属し代表取締役を務める○○社の取締役であることが認められることも併せ考慮すると，本件各鑑定評価は，その合理性に疑いがあるといわざるを得ない。

以上のとおり，本件各鑑定評価はその合理性に疑いがあるから，本件各通達評価額が本件各鑑定評価額を上回るとしても，そのことが，本件各通達評価額が本件各土地の客観的交換価値を適正に評価したものとの推認を覆す事情とはならない。そして，その他に本件各通達評価額が本件相続の開始時における本件各土地

番号	現況地目	利用区分	地積（㎡）	申告額（円）	更正処分額（円）
1	宅地	貸付建付地	659.18	13,823,000	22,512,974
2	宅地	自用地	1,109.58	50,507,000	43,528,823
3	宅地	貸家建付地	1,506.60		50,288,273
4	宅地	貸家建付地	150.00		5,100,510
5	宅地	自用地	653.93	22,093,000	26,461,277
6	宅地	貸宅地	328.59	10,324,000	6,599,730
7	宅地	貸宅地	278.11	11,706,000	2,428,317
8	雑種地	貸宅地	3,040.00		20,837,376
9	宅地	自用地	1,985.44	9,392,000	12,884,383

の時価を上回ることをうかがわせる事情は認められない。

したがって，本件各通達評価額が本件各土地の相続の開始時における時価を適正に評価したものと認めることができる。

コメント　請求人は，相続により取得した各土地は不動産鑑定士が作成した「不動産鑑定評価報告書」の評価額をもって本件各土地の時価と主張するが，審判所は，本件評価報告書は開発法による価格のみにより評価額を決定しており，比準価格や収益価格などの試算価格を求めていないことなどから，本件各土地評価は不動産鑑定評価基準に従っていないので，本件各土地評価はその合理性に疑いがあると言わざるを得ないと判断した。

本件土地の評価にあたり，不動産鑑定士は，「不動産鑑定評価書」ではなく，「不動産鑑定評価報告書」の形式で評価額を出しているようである。そうなると，不動産鑑定評価基準に基づいて評価をしているのではなく，必ずしもその手法をすべて使って価格を求めたものではないのは分かるが，相続税の更正の請求に添付する資料としては「不動産鑑定評価報告書」では役立たずと思われる。このような時こそ不動産鑑定評価基準に基づいた価格を出してもらいたいものである。

また，「不動産鑑定評価報告書」を提出するにあたり，「本件不動産鑑定士が所属し代表取締役を務める○○社の取締役であることが認められる」とあるが，利害関係があるならばその旨明記すべきところであるが，その明記がないと指摘されている点も残念である。

【14】貸宅地の評価について，評価通達によらず原処分庁側の鑑定評価額によることが合理的であるとした事例

（平成 17 年 7 月 7 日裁決・公開）

本件土地の概要 本件土地は，10 棟の建物および敷地，道路として利用されている地積 1,709.46 ㎡の貸宅地である。

年間地代は 41 万 3,688 円（800 円 / 坪× 517.11 坪）である。

請求人の主張 本件土地の時価は，不動産鑑定士が行った鑑定評価（以下，「請求人鑑定」という）による評価鑑定額である。

本件貸土地については，評価通達に基づき算定した評価額は時価を超えている状態にあり，原処分庁側も鑑定評価額による時価の見直しを行い，それに基づいて本件更正処分を行ったことに争いはない。よって，評価通達によらず他の合理的な方式に基づき算定すべきであり，請求人鑑定と原処分庁側の行った鑑定評価のいずれが合理的な時価を算定しているかを考察すべきであるところ，原処分庁側の鑑定評価は時価を正確に構築していない。

本件貸宅地の年間地代は，条件の類似する年間地代より低額となっていることから，本件各貸宅地の収益価格は当然にその価格より低額になるべきであり，その価格より低額となっている請求人鑑定に基づく評価額は妥当なものである。

上記のとおり本件更正処分は違法であり，その一部を取り消すべきであるから，これに伴い本件賦課決定処分もその一部を取り消すべきである。

原処分庁の主張 本件土地は，不動産鑑定士が行った鑑定評価（以下，「原処分庁鑑定」という）による鑑定評価額を基に，道路部分の評価額を補正した後の金額を時価とした。

不動産鑑定士に鑑定を依頼したのは，本件各貸宅地には，複数の地主が所有する土地をデベロッパーが一括で借り上げ，それらを一体として宅地造成し，各地主が所有している土地の形状とは全く無関係に区画された状態で転貸しているなど将来における復帰価値の算定が極めて困難であるという事情が認められたことから，時価の検証を行う必要があると判断されたためである。そして，評価通達に基づく評価額と原処分庁鑑定に基づく評価額にバラツキが生じたため，評価の安全性を考慮し，いずれか低い価額を本件土地の評価額として採用したものであ

る。

上記のとおり本件更正処分は適法であり，また，国税通則法第65条《過少申告加算税》第4項に規定する正当な理由があるとは認められないから，同条第1項の規定に基づき行った本件賦課決定処分は適法であるので，審査請求は棄却されるべきである。

審判所の判断 請求人鑑定額は，年間支払賃料を還元利回りで還元して算定した地代徴収権の価値と，更地価格を割引率で割り引いて算定した更地の復帰価値との合計額から，市場性の減退等を理由とした減額をして，底地価格を決定している。しかしながら，地代の還元利回りと更地への復帰価値を算定するための割引率とは異なる性質のものであるにもかかわらず，特段の理由もなく同一の利率を採用していることから，その利率は適切なものとは認められない。また，更地の復帰価値の基準となる更地価格の決定に当たって，鑑定評価を行う場合に規準としなければならないとされている地価公示価格を，数値の具体的な算定根拠が明らかでない個別格差を乗じて調整しているなど，その更地価格は合理性が認められない。さらに，市場性の減退を理由とした減額にも具体的な根拠が示されていない。

以上のことから，請求人鑑定額は採用することはできない。

原処分庁鑑定額における底地価格の決定は，還元利回り，割引率，更地価格とも相当であり，請求人鑑定額に比べ合理性が認められる。しかしながら，原処分庁評価額は，原処分庁鑑定額において判定された道路部分の価値率10%を，評価通達の定めを準用して0%に置き換え，同鑑定額を補正して算定しているが，評価通達によらず不動産鑑定評価基準により評価するものであるから，単に，評価通達における取扱いを根拠として，当該価値率を0%とすることは相当とは認められない。

上記のとおり，原処分庁鑑定は請求人鑑定に比して合理性が認められ，評価通達に基づく評価額は原処分庁鑑定を上回ることから，本件土地の評価額は原処分庁鑑定に基づき算定するのが相当と認められるところ，原処分庁は，原処分庁鑑定において10%とされた本件土地の道路部分の価値率を，評価通達の定めを準用して0%に置き換え，原処分庁鑑定に基づく評価額を補正した金額が本件土地の評価額であると主張する。しかしながら，不動産鑑定評価基準と評価通達は異なるものであり，また，評価通達によらず不動産鑑定評価基準により本件土地を

<table>
<tr><th colspan="2">項　目</th><th>請求人主張額
（請求人鑑定）</th><th colspan="2">原処分庁鑑定</th><th>原処分庁主張額
（異議決定額）</th></tr>
<tr><td rowspan="8">地代徴収権の価値の算定</td><td>①年間支払賃料</td><td>422,546 円
242 円 / ㎡
計算上の地積
1,746.08 ㎡</td><td>472,486 円
242 円 / ㎡×
1.14213
計算上の地積
1,709.46 ㎡</td><td>413,688 円
242 円 / ㎡
計算上の地積
1,709.46 ㎡</td><td>472,486 円
242 円 / ㎡×
1.14213
計算上の地積
1,709.46 ㎡</td></tr>
<tr><td>②必要諸経費等</td><td rowspan="7">—</td><td>127,070 円</td><td>127,070 円</td><td>127,070 円</td></tr>
<tr><td>③純賃料
（①－②）</td><td>345,416 円</td><td>286,618 円</td><td>345,416 円</td></tr>
<tr><td>④複利年金現価率</td><td>18.392</td><td>18.392</td><td>18.392</td></tr>
<tr><td>還元利回り</td><td>3.5%</td><td>3.5%</td><td>3.5%</td></tr>
<tr><td>残存期間</td><td>30 年</td><td>30 年</td><td>30 年</td></tr>
<tr><td>③×④</td><td>6,352,891 円</td><td>5,271,487 円</td><td>6,352,891 円</td></tr>
<tr><td colspan="2">（A）地代徴収権の価値</td><td>6,022,222 円</td><td>6,350,000 円</td><td>5,270,000 円</td><td>6,350,000 円</td></tr>
<tr><td rowspan="5">更地の復帰価値の算定</td><td>⑤更地価格</td><td>97,374,270 円</td><td>135,000,000 円</td><td>135,000,000 円</td><td>131,145,242円（注 2）</td></tr>
<tr><td>⑥複利現価率</td><td rowspan="4">—</td><td>0.1741</td><td>0.1741</td><td>0.1741</td></tr>
<tr><td>割引率</td><td>6.0%</td><td>6.0%</td><td>6.0%</td></tr>
<tr><td>残存期間</td><td>30 年</td><td>30 年</td><td>30 年</td></tr>
<tr><td>⑤×⑥</td><td>23,503,500 円</td><td>23,503,500 円</td><td>22,832,386 円</td></tr>
<tr><td colspan="2">（B）更地の復帰価値</td><td>21,368,375 円</td><td>23,500,000 円</td><td>23,500,000 円</td><td>22,382,386 円</td></tr>
<tr><td rowspan="4">底地価格</td><td>（（A）＋（B））</td><td>27,389,000 円</td><td colspan="2">29,900,000 円～ 28,800,000 円</td><td>29,182,386 円</td></tr>
<tr><td>⑦補正事項等</td><td>市場性の減退（○○用地の取引倍率を考慮）△ 60%
○○用地との比較による市場性の減退△ 30%</td><td colspan="2">底地割合により求めた価格 27,000,000 円（注 3）を比較考量</td><td>比較割合 0.936
（注 4）</td></tr>
<tr><td>補正後の価格</td><td>7,505,000 円</td><td colspan="2">28,000,000 円</td><td>27,314,713 円</td></tr>
<tr><td>⑧ 1 ㎡当たりの価格</td><td>4,390 円（注 1）</td><td colspan="2">16,379 円</td><td>15,979 円</td></tr>
<tr><td colspan="2">評価額
（⑧× 1,709.46 ㎡）</td><td>7,505,000 円</td><td colspan="2">28,000,000 円</td><td>27,314,713 円</td></tr>
</table>

（注 1）　請求人鑑定は，図上求積した地積 1,746.08 ㎡で地代徴収権の価値等を計算しているため，7,667,167 円 ÷ 1,746.08 ㎡で算定。

（注 2）　道路部分の価値率を 10%から 0%に補正して再計算した金額。

（注 3）　底地割合により求めた価格 27,000,000 円＝更地価格 135,000,000 円×底地割合 20%

（注 4）　比較割合 0.936 ＝原処分庁鑑定の補正後の価格 28,000,000 円 / 原処分庁鑑定の補正前の価格 29,900,000 円評価するものであるから，単に，評価通達における取扱いを根拠として，当該価値率を0%と補正することは相当と認められない。むしろ，請求人鑑定および原処分庁鑑定ともに，本件土地の道路部分の価値率を10%と判定していることからすると，当該道路部分の価値率は原処分庁鑑定の判定のとおり，10%とするのが相当である。したがって，本件土地の評価額は，原処分庁鑑定に基づく評価額と同額の2,800万円であると認められる。

コメント

請求人は，本件貸宅地については評価通達によらず，請求人鑑定によるべきだと主張する。また，原処分庁も本件貸宅地については，原処分庁鑑定による鑑定評価額を基にすべきであると主張する。

そこで，審判所は両者の鑑定評価の内容を検討した結果，請求人鑑定は還元利回りと更地への復帰価値を算定するための割引率が同一である等合理性があるとはいえないと判断した。原処分庁主張額については，相当と判断できるので本件貸宅地は原処分庁鑑定に基づく鑑定評価額と同額であると認められると判断した。

また，審判所は請求人鑑定について，鑑定評価を行う場合に規準としなければならない地価公示価格を，算定根拠が明らかでない個別格差を乗じているなど，その更地価格は合理性が認められない。さらに，市場性の減退を理由として減額しているが，具体的根拠が欠けているので請求人鑑定は採用できないとした。

【15】相続により取得した土地は評価通達により難い特別の事情があるとは認められないので，本件土地の価額は評価通達の定めに基づいて算定するのが相当であるとした事例

（名裁(諸)平24第11号・平成24年10月30日）

本件土地の概要　本件土地（1,019.58㎡）は第二種住居地域（建ぺい率60％・容積率200％）に所在する。

請求人の主張　評価通達により難い特別の事情があるため，評価通達によるべきではなく，評価通達によって求められた価額は客観的交換価値を示しておらず，本件相続開始日における相続税法第22条に規定する本件土地の時価は，本件鑑定評価書のとおり1,274万円である。

原処分庁の主張　本件土地については評価通達により難い特別の事情はなく，本件鑑定評価額は本件相続開始日における本件土地の時価とは認められないから，本件土地の価額は，納税者間の公平，納税者の便宜，徴税費用の節減という見地からみて合理的である評価通達によるべきである。したがって，本件相続開始日における時価は，評価通達により算定した2,351万374円である。

審判所の判断　請求人提出資料，原処分関係資料および当審判所の調査結果によれば，次の事実が認められる。

本件土地が接面する本件市道は，ほぼ南北（本件土地の付近では，南西から北東）に通る幹線道路である。本件市道沿線地域は，本件相続開始日現在，数軒のアパート，住宅等を除き，店舗，事務所および店舗併用住宅の敷地として利用されている地域であり，平成24年5月に至るまで，その利用状況に変化はない。また，本件市道沿線地域には，本件相続開始日現在，戸建住宅に分譲することを目的として開発された一団の土地はない。

原処分庁は，本件更正処分において，本件土地の価額を評価通達の定めに基づき次のとおり算定しており，その計算過程に特段不合理な点は認められない。

（正面路線価）　（広大地補正率）　（地積）　（評価通達の定めに基づき評価した価額）

42,000円／㎡×（0.6−0.05×1,019.58㎡／1,000㎡）×1,019.58㎡＝　23,510,374円

請求人は，本件土地が売却できない土地であること等について主張するので，

以下審理する。

本件土地が5年以上売却できない土地であるとの主張について，本件土地等の媒介価格は平成17年7月の6,800万円から順次引き下げられ，本件相続開始日には4,000万円となっており，本件土地等の媒介価格に本件土地等の地積に占める本件土地の地積の割合を乗じて算定すると，本件土地の媒介価格は，本件相続開始日の時点で3,162万5,180円となる。そうすると，請求人の本件土地の媒介価格は，本件土地の評価通達の定めに基づき評価した価額2,351万374円を上回っているものと認められるから, 仮に当該媒介価格で売却できなかったとしても，直ちに評価通達の定めに基づき評価した当該価額で売却できなかったとは認められず，このことが，評価通達の定めによらないことが正当と認められるような特別の事情に該当するとは認められない。したがって，この点に関する請求人の主張は採用できない。

本件市道沿線地域は，用途地域や建ぺい率，容積率などの行政条件が本件土地と同一で，本件土地と同じく幹線道路である本件市道に接面する土地が所在する地域であるところ，その南側および北側の地域とは水路で土地の利用状況の連続性および地域の一体性が分断されていると認められることから，本件土地と利用状況および環境等がおおむね同一と認められる地域は，本件市道沿線地域であると認められる。

また，土地の最有効使用はその土地の存する地域の標準的使用が重要な参考となるところ，①上記のとおり，本件市道沿線地域については，本件相続開始日現在およびそれ以降平成24年5月に至るまで，戸建住宅に分譲することを目的として開発された一団の土地はなく，数軒のアパート，住宅等を除き，店舗等および店舗併用住宅の敷地として利用されている地域であること，および，②本件市標準宅地の平成20年1月1日時点での利用の現況および最有効使用がいずれも店舗併用住宅地となっていることからすると，本件相続開始日現在における本件市道沿線地域の土地の標準的使用は，店舗等の敷地または店舗併用住宅の敷地であると認められる。したがって，本件土地の最有効使用が分譲住宅の素地であるとは認められないから，この点をもって，評価通達の定めによらないことが正当と認められるような特別の事情に該当するとの請求人の主張は前提を欠くものであり採用できない。

請求人は，本件鑑定評価書および本件意見書に基づき，本件鑑定評価額が相続税法第22条の時価であると主張するので，以下審理する。

本件鑑定評価書では，本件土地の最有効使用を分譲住宅地の素地としている。しかしながら，本件鑑定評価書では，その理由として，「地域分析，個別分析および近隣地域の標準的使用の現状と将来の動向の考察から」としているが，①「地域分析」では，「一体利用による一般住宅・店舗・事務所等の敷地または宅地開発により，数区画の住宅地として分譲することも可能」としており，「個別分析」でも，「一体利用による一般住宅，店舗・事務所等の敷地または分割・分譲して一般住宅敷地としての利用のいずれにも適している」としており，「地域分析」および「個別分析」のいずれも，本件土地の最有効使用が分譲宅地の素地であることを決定付けるものではないこと，②「近隣地域の標準的使用」は，「店舗・事務所等の敷地」としていることからすると，むしろ，本件土地の最有効使用は一体利用による店舗・事務所等の敷地と判定されるのが自然であるといえる。加えて，上記のとおり，本件市道沿線地域の土地の本件相続開始日後の標準的使用も，店舗等の敷地または店舗併用住宅の敷地であると認められることからすると，本件土地の最有効使用が分譲住宅地の素地であるとは認められない。不動産の価額は，当該不動産の最有効使用を前提に把握されるものであるから，このような誤った最有効使用を前提とした本件鑑定評価額は不合理である。

この点，本件意見書には，本件付加条件の有無にかかわらず，一般分析，地域分析および個別分析より導き出された本件土地の最有効使用は，分譲住宅地の素地であり，本件土地の最有効使用に即して採用した鑑定評価の手法により求められた本件鑑定評価額は，適正妥当と判断している旨記載されている。しかしながら，本件市道沿線地域の土地の標準的使用は，店舗等の敷地または店舗併用住宅の敷地であると認められることからすれば，本件付加条件は，請求人が，上記のとおり，本件土地について，路線価の2分の1以下とすることを前提として鑑定を依頼していることに基因して付したものと見ざるを得ないから，本件意見書は採用することができない。

以上によれば，請求人の各主張はいずれも採用できず，また，当審判所の調査結果によっても，評価通達に定める評価方法を画一的に適用したのでは，適正な時価が求められず，著しく課税の公平を欠くことが明らかであるなど，評価通達の定めによらないことが正当と認められるような特別の事情があるとは認められない。よって，本件土地の本件相続開始日における時価は，評価通達の定めに基づいて算定するのが相当であり，上記のとおり，本件更正処分における価額と同額の 2,351 万 374 円である。

コメント 更正の請求に際し，不動産鑑定士の鑑定評価額が認められなかった理由の１つに，本件土地の存する近隣地域における本件土地の最有効使用が分譲住宅の素地であるか否かであった。不動産鑑定士は分譲住宅と主張するも，審判所は本件市道沿線地域の土地の標準的使用は，店舗等の敷地または店舗併用住宅の敷地であると判断したことに基因して請求人の主張は否認された。

本件においては，当該地域の土地，標準的画地の面積が議論の対象にならなかったようであるが，その地域の最有効使用が戸建分譲住宅であれば，当該地域の開発登録簿等の閲覧等で標準的画地の面積が分かれば十分に対抗できる開発図面が作成できる。また，本件土地を宅地造成する費用が明確になれば，更地価額から当該造成費用等を控除した価額が相続開始日の本件土地の時価となりうる場合がある。その結果，鑑定評価書も信頼度が上がり，説得力のあるものができるかと思料する。

【16】請求人は不動産鑑定士による鑑定評価額等を相続税法第22条に規定する時価と評価すべきと主張するも，その鑑定評価に合理性が認められないので，請求人の主張は採用できないとされた事例

(大裁(諸)平21第25号・平成21年11月18日)

本件土地の概要 本件土地は，公簿は田，現況は宅地で，周知の埋蔵文化財包蔵地の区域に含まれている。また，中小規模の住宅が立ち並ぶ住宅地の中に所在し，○○建物の敷地部分と本件土地の南側公道から○○建物の敷地部分に通じる私道の用に供される部分から成っている。上記私道部分は幅員約4m，奥行約33mのいわゆる路地で，上記南側公道以外の公道や他の私道と接していない行き止まりの私道である。

請求人の主張 不動産には個別性があり，評価通達による画一的な路線価評価等は妥当ではないから，不動産鑑定評価による評価額が相続税法第22条に定める時価である。

個別性がある不動産の時価評価については，不動産鑑定士の判断と意見が凝縮されて記載されている不動産鑑定評価書の鑑定評価額によるべきである。

東京高裁平成13年12月6日判決（平成12年(行コ)第108号）によれば，不動産鑑定評価書による評価が不動産の時価として適正と認められている。

原処分庁の主張 評価通達に基づく評価が不合理と認められる特別の事情があるとは認められないから，評価通達に基づいて算定された評価額が不動産の時価である。

不動産の価額は，評価通達に基づいて算定された評価額である。そして，本件鑑定評価書に記載された鑑定評価額には多くの問題があることから，当該評価額を時価として採用することはできない。

審判所の判断 周知の埋蔵文化財包蔵地に含まれていても，一般住宅の場合，基礎工事が深くないため試掘の必要もないことなどから，鑑定評価に際して，埋蔵文化財包蔵地ということのみで必ず評価額に影響を及ぼさせるものではない。たとえば，試掘等により埋蔵文化財が存在する蓋然性が高いことが判明すれば評価減を行う鑑定評価方法もあり得る。

本件土地の価額は，評価通達に基づいて評価するのが合理的であると認められるところ，当審判所が評価通達に基づいて評価した本件土地の価額は次のとおりとなる。

評価通達 7-2 によれば，宅地は利用の単位となっている 1 区画の宅地ごとに評価することとされ，本件土地のうち，私道の用に供されている宅地の部分および貸家である○○建物の敷地の用に供されている宅地の部分については，利用の単位が異なることから，それぞれに分けて評価する。なお，周知の埋蔵文化財包蔵地に該当するが，当該土地の評価上減額すべきではないものと認められる。

請求人は，本件土地の時価は本件鑑定書に記載された鑑定評価額である旨主張する。評価通達を適用して評価することが特に不合理と認められる特別の事情がある場合には，不動産鑑定評価基準にのっとって作成された不動産鑑定士による鑑定評価等他の合理的な評価方法により時価を評価するべきものと解されるが，本件においては評価通達を適用して評価することが特に不合理と認められるような特別の事情があるとはいえない。しかも，土地の客観的な交換価値を一義的に算定することは困難であることからすれば，不動産鑑定により時価を評価する場合には，鑑定評価額をもって直ちに土地の時価とするのは相当ではなく，不動産鑑定の内容等について一応公正妥当な鑑定理論に従っていることや対象不動産の状況等に照らして的確な判断がされていることなど，合理性が高いものであると認められることを要するというべきであるが，本件鑑定評価には，原処分庁が指摘していないものも含め，以下に例示するような問題点がある。

標準画地の更地価格の形成要因と比較して本件土地に個別的要因があるとして個別格差補正（価格修正）をして個別格差補正は総合では 84％の減価である。なお，個別格差補正の主な内容としては，遺跡の指定地による減価 40％，通路部分の減価 38％である。

本件土地の鑑定においては，本件土地が遺跡の指定地の中に所在することから，埋蔵物発見の場合の調査費用等を 1 層であれば 1 ㎡当たり約 5 万円が必要となる場合があるとして，40％を減価している。そして，本件土地の鑑定において，遺跡の指定地であることを理由として 40％の減価をしているのは，このように本件土地において埋蔵物が発見された場合を前提として評価したものである。しかしながら，埋蔵文化財の存在がいまだ具体的に確認がなされていない土地については，埋蔵文化財が確実に存在するとはいえず，実際に埋蔵文化財が発見された場合と異なり，土木工事の際に土地所有者が発掘調査に伴う費用等の経済的負担を実際に負わなければならない可能性が高いとはいえない。そうである以上，このような土地については，直ちに客観的交換価値に影響を及ぼすべき固有の事情が存すると認めることはできない。そして，本件土地は，周知の埋蔵文化財包蔵地に指定されているものの，発掘調査が行われたこともないのであるから，本件相続時において，埋蔵文化財の存在がいまだ具体的に確認されておらず，客観的交換価値に影響を及ぼすべき固有の事情が存在すると認めることは相当ではない。以上の点を考慮すると，本件土地について，本件鑑定評価のように1㎡当たり約5万円の調査費用等が必要であるとして，40％もの減価をすることが不合理であるのはもちろん，遺跡の指定地であることを理由として減価すること自体相当でないと認められる。

本件土地の鑑定において，私道部分は固定資産税が免除されており，市場価値はないとして38％を減価している。この点について，私道は，多数者による通行を受忍すべく，その使用収益にある程度の制約が存するものの，私人の所有物である以上，所有者に管理および処分権が存在することは当然であり，私道の中でも，少なくとも，その通常の利用者が特定の者に限られるものについては，相応の財産的価値を持つものとして取引されることが一般的である。

そして，公道から○○建物に通じる私道部分は，他の公道や私道と接していない行き止まりの道であり，○○建物の賃借人および西側家屋に居住する者らが専ら公道への通路として利用しているのみであることが認められ，また，請求人は，平成20年に当該通路部分を含めて本件土地を譲渡しており，同部分も本件土地と一体のものとして，相応の財産的価値を持つものと認められる。さらに，固定資産税と相続税とでは，その課税主体，課税の趣旨および目的が異なることから，単に固定資産税が課税されていないことをもって，価額を零円として評価しなければならないとする合理的な理由はないというべきである。以上に照らすと，本件土地の鑑定は，通路部分の価額を零円として38％減価している点においても不合理であると認められる。したがって，上記のように算定された積算価格には合理性がないものと認められ，本件土地の鑑定評価については合理性はないものと認められる。したがって請求人の主張は採用できない。

コメント 鑑定評価において比準価格を求める場合，対象地の属する近隣地域における標準的画地と対象地との比較検討を行い，適正に補正した価格を把握する必要がある。また，対象地の個別格差率が適切に行われているかをチェックすることが大切である。

東京国税局では次のような鑑定評価書のチェックリストを作成している。

チェックポイント	注　意	問題なし
【検討 4-3】対象不動産に係る個別的要因の格差修正率の検討 1　対象地の個別的要因の格差修正率は適切か。 ☞格差修正率が 150%程度を超えるもの又は 65%程度を下回るものは，標準的画地と比較して個別性の強い土地といえるが，この修正率の合理的な算定根拠を示さずに査定している場合には，評価通達に定める画地調整率及び土地価格比準表により検証する。	□いいえ	□はい

（東京国税局内の資産税審理研修資料の不動産チェックシート）

埋蔵文化財包蔵地の区域に存するか否かも大切である。その区域内で遺跡が出たか否か，さらに対象地に埋蔵文化財が出る可能性があるかどうかの判定が重要である。該当市役所または都道府県の担当部署で聞けば，ある程度の確率で埋蔵文化財が出るかどうかが分かる。出る可能性があるのであれば資料に基づき土地の評価上減価していけばいいし，可能性がなければ減額すべきではない。

【17】原処分庁が評価通達等により算定した本件土地の価額は，相続税法第 22 条に規定する時価として合理性があるかが問われた事例

（関裁（諸）平 20 第 19 号・平成 20 年 11 月 19 日）

本件土地の概要　本件土地（640.00㎡）は，都市計画区域内の第一種低層住居専用地域に存し，建ぺい率 50%・容積率 80%である。

本件土地は，南東側幅員 12m，南西側幅員 10m および北西側幅員 6 m の各市道に面しており，南西側市道を評価通達 16 に定める正面路線，南東側市道および北西側市道を同通達に定める側方路線とする間口 30.2 m，奥行 22m のほぼ長方形の土地である。

なお，平成 16 年分の正面路線価および側方路線価はいずれも 1㎡当たり 9 万円である。

請求人の主張　個別の財産の評価は，その価額に影響を与えるあらゆる事情を考慮して行われるべきであるから，ある財産の評価が評価通達等と異なる基準で行われたとしても，評価通達等は法令ではないから，それが直ちに違法となるわけではない。したがって，納税者が特定の土地について評価通達等と異なる評価方法を主張し，その証拠を提出した場合には，納税者の主張する評価方法と評価通達等の合理性を比較考量して，どちらがより相続税法第 22 条の「時価」の趣旨に沿ったものであるかを判断して決すべきである。

本件の場合，本件土地の鑑定評価額は総額 3,993 万 6,000 円（62,400 円 / ㎡）であることから，相続税評価額を下回っており，正常価格である鑑定評価額は相続税法第 22 条に規定する時価として合理性があるから，原処分庁の算定した価額は合理性がない。

原処分庁の主張　相続税法第 22 条は，相続により取得した財産の価額は，当該財産の取得の時における時価による旨規定している。そして，この時価とは，課税時期において，それぞれの財産の現況に応じ，不特定多数の当事者間で自由な取引が行われる場合に通常成立すると認められる価額，すなわち客観的な交換価値を示す価額と解されるところ，客観的な交換価値は，必ずしも一義的に確定するものではないことから，課税実務上は，評価通達等が定

められ，そこに定められた画一的な方式によって相続財産を評価することとされている。

本件土地は，評価通達等に定められた評価方法を画一的に適用することによって，実質的な税負担の公平を著しく害することが明らかである等の特別の事情があるとは認められないため，評価通達等により算定された価額（以下，「相続税評価額」という）は相続税法第22条に規定する時価として合理性がある。

審判所の判断 土地の適正な時価，すなわち客観的な交換価値というものは，その土地の地積，形状，地域的要因等の各個別の事情や需要と供給のバランスなど様々な要素により変動するものであるから，理論的には一義的に観念できるとしても，実際問題としてこれを一義的に把握することは困難であり，不動産鑑定士による不動産鑑定評価額も，公正妥当な不動産鑑定理論に従っていたとしても，なお不動産鑑定士の主観的な判断や資料の裁量的な選択過程の介在が免れないのであって，不動産鑑定士が異なれば，同一の土地であっても，異なる評価額が算出されることは避けられないことである。土地の客観的な交換価値には，この意味である程度幅があると見なければならない。

このような観点からすれば，相続税評価額が時価とみなし得る合理的な範囲内であれば，相続税法第22条に違反するという問題は生じないと解するのが相当である。

そして，相続税評価額が客観的な交換価値を超えているといえるためには，たとえば，当該評価額を下回る鑑定評価が存在し，その鑑定評価が一応公正妥当な鑑定理論に従っているというのみでは足りず，同一の土地についての他の不動産鑑定評価があればそれとの比較において，また，周辺の公示価格や都道府県地価調査に係る基準地の標準価格の状況，近隣における取引事例等の諸事情に照らして，相続税評価額が客観的な交換価値，すなわち時価を上回ることが明らかであると認められることを要するものというべきである。

評価通達1⑶には，財産の評価に当たっては，その財産の価額に影響を及ぼすべきすべての事情を考慮する旨定め，同11《評価の方式》には，本件土地のように，市街地的形態を形成する地域にある宅地の評価は路線価方式による旨を定めている。

路線価は，評価通達14《路線価》により毎年1月1日を価格時点として国税局長が定めるが，評価通達は，この路線価を基に同11から26-2《区分地上権等の目的となっている貸家建付地の評価》までにおいて，具体的な個々の宅地の画地条件に応じた評価方法を定めている。

本件土地は，区画整理事業により，戸建住宅用地として造成され，適正規模に換地された住宅地内にあり，地区区分，路線価および画地条件は，三方が市道に面する長方形の土地と認められる。

原処分庁算定による相続税評価額は，本件土地の奥行距離，間口距離に従い，適正に評価通達等を適用して算定されており，評価通達 1 ⑶の定めに従い，評価通達の趣旨にかなったものといえる。

なお，当審判所においても評価通達等に基づき，相続税評価額を算定したところ，本件土地は 9 万 8,820 円 / ㎡となり，原処分庁算定額と同額となった。

本件鑑定評価においては，比準価格および開発法により求められた試算価格の二つの試算価格は，いずれも適切に求められていると判断されるとしながらも，二つの試算価格の開差の理由が十分に検証されないまま本件鑑定評価額が決定されているが，実務上留意すべき事項の試算価格の調整に当たっては，鑑定評価方式の適切な適用によって求められた試算価格はいずれも等しく正常な価格を指向するものであるから，試算価格の調整に当たっては，求められた試算価格に開差があればその理由を十分験証し，適用に誤りがなければ，各試算価格はそれぞれ妥当性を有するものとして尊重し，相互に関連づけを行った上で活用しなければならない旨定めているにもかかわらず，本件鑑定評価における二つの試算価格の関連付けについて合理性が認められない。

以上のとおり，本件鑑定評価の時価の算定方法は合理性を欠いており，本件鑑定評価額は，本件各土地の本件相続開始日における適正な時価を示しているとは認められない。したがって，本件土地に係る原処分庁算定の相続税評価額が本件鑑定評価額を上回ることをもって，本件土地について，原処分庁算定の相続税評価額が相続開始日における時価を上回っているような特別の事情があると判断することはできない。

本件公示地の公示価格の状況および近隣における取引事例等に照らし，本件土地の時価をみると以下のとおりである。

本件土地の付近に所在する公示地の価格を基に，公示地と本件土地の価格時点，交通接近条件，街路条件，環境条件，行政条件を比較し，その格差を修正後，本件土地の個別的要因をしんしゃくして本件土地の価額を算定すると 9 万 8,820 円 /

㎡となる。

なお，各条件の格差をしんしゃくするに当たり，当審判所においても相当と認める土地価格比準表を参照した。

当審判所において近隣地域内の取引事例を調査したところ，いずれの取引事例も，規模からすれば，時価の参考とするには問題があるとも思われるが，基本的には面積の違いによる単価の格差はない旨の答述を得ていることから，同地区内においては，他の地区に比べ，面積の格差が価格に与える影響が極めて少ない地域と認められる。そこで当該各取引事例からも，時点修正のみを行って本件土地の時価をみてみると，最も低い価額でも9万9,301円/㎡であった。当該取引事例は地積が約4,194㎡あり，面積による市場性減価があるとしても，本件土地の地積は当該取引事例の地積よりは小規模であることから，少なくとも本件土地の時価は9万9,301円/㎡以上であると認められる。

以上のとおり，公示価格および近隣の取引事例から時価をみると，本件相続開始日における原処分庁算定の相続税評価額が，本件土地の相続開始日における時価を明らかに上回るような特別の事情があるとは認められない。

上記のとおり，本件土地の相続税評価額が客観的な交換価値，すなわち時価を上回るような特別の事情があるとは認められないことから，原処分庁の本件土地の相続税評価額は，本件相続開始日における相続税法第22条の時価として合理性があるものと認められる。

コメント

請求人は本件土地の価額は，相続税評価額ではなく，鑑定評価額によるべきだと主張するが，本件鑑定評価において比準価格および開発法による価格に大きな開差があるにもかかわらず，十分な験証がなく，二つの試算価格の関連付けに合理性がないため，本件鑑定評価は適正な時価を示しているとは認められないと審判所は判断した。

審判所が本件土地の本件相続開始日における時価を求めたところ，原処分庁算定の相続税評価額は本件土地の時価を明らかに上回るような特別の事情があるとは認められないので，原処分庁の相続税評価額は相続税法第22条として合理性があると認められると判断した。

本件土地の比準価格と開発法による価格の調整は次表のごとくである。

<table>
<tr><td colspan="2">鑑定評価額（①）</td><td>62,400円／㎡（39,936,000円）</td></tr>
<tr><td rowspan="2">試算価格</td><td>取引事例比較法による比準価格（②）</td><td>90,800円／㎡</td></tr>
<tr><td>開発法による試算価格（③）</td><td>59,200円／㎡</td></tr>
<tr><td colspan="2">各試算価格の調整</td><td>①≒②× 0.101+③× 0.899</td></tr>
<tr><td colspan="2">鑑定評価額決定に係る判断</td><td>各試算価格の性質，精度および当該近隣地域の現状と将来の動向等を総合的に勘案した結果，本件土地の最有効使用は，造成後，分割後の一般住宅の敷地と判断されることから，本件では建売業者にとっての投下資本可能限度額を示すとともに，本件各土地の有する本来的な効用を反映した価格である開発法による価格を中心に比準価格とも調整した結果，本件各土地の鑑定評価額を①のとおり決定した。</td></tr>
</table>

審判所は，「区画整理事業が実施され宅地造成が既に完了しているにもかかわらず，多額な造成工事費を計上するなどして評定された鑑定評価額には合理性を認めることができない」と断定している。

審判所は，本件鑑定評価において比準価格と開発法により求められた試算価格の関連付けが不十分で合理性を欠くというのである。上表の「鑑定評価額決定に係る判断」の内容ではそう言われても仕方がないのかもしれない。もう一歩踏み込んだ説明ないし説明できる資料を添付すべきであろう。

【18】本件私道の価額は，評価通達の定めによらないことが正当と認められる特別の事情は認められないとした事例

（東裁(諸)平23第99号・平成23年12月19日）

本件土地の概要 本件土地は，幅員約4m，奥行約42mの私道で，面積（実測）は177.21㎡である。本件私道のうち公道から35mまでの部分は位置指定道路で，その奥の本件隣接私道は，本件被相続人の姉が所有している行き止まりの私道である。

本件私道および本件隣接私道は，公園，集会所，地域センターなどの公共的な施設等には沿接していない。

なお，関係法令等の要旨は次のとおりである。

私道の用に供されている宅地は，評価通達11《評価の方式》から21-2《倍率方式による評価》までの定めにより計算した価額の30%に相当する価額によって評価するが，不特定多数の者の通行の用に供されている私道の価額は評価しない旨定められている。

道路とは，建築基準法第42条《道路の定義》第1項の第1号ないし第5号のいずれかに該当する幅員4m以上のものをいう旨，そして，同項第5号は，道路法等によらないで築造する道路で，これを築造しようとする者が特定行政庁からその位置の指定を受けたものは道路に該当する旨規定している。

建築基準法第43条《敷地等と道路との関係》第1項は，建築物の敷地は道路に2m以上接しなければならない旨規定している。

請求人の主張 本件私道は，以下のとおり，宅地化の可能性，資産価値が相当低く，公道的性格が強いから，評価通達の定めにより評価すると時価を上回る。したがって，本件私道には，評価通達の定めによらないことが正当として認められる特別の事情があるから，本件鑑定評価額の150万円により評価すべきである。

① 本件私道は，その大部分が建築基準法第42条第1項第5号に規定する道路位置の指定を受けた道路（以下，「位置指定道路」という）に該当し，通行については特に制約を設けておらず，不特定多数の者が利用できる。

② 本件隣接私道は行き止まりとなっており，本件隣接私道に沿接する宅地に

建築されている他人所有の戸建住宅または共同住宅の各建物の居住者およびその関係者にとっては，本件私道が唯一の通り道である。

③　本件私道の地下には水道管，下水管，ガス管が埋設されており，また，地上には電気等を供給するための電柱が存し，地域における公共性・公益性が高く，宅地化の可能性はない。

④　本件私道は位置指定道路に該当し，本件私道に沿接する宅地は，本件私道が存することにより建物の建築が可能になっていることから，廃道することはできない。

原処分庁は，本件私道が将来宅地となる可能性がある旨主張するが，取得財産の価額は，当該財産を相続により取得した時の時価を基に判断すべきであるから，将来の宅地化の可能性を根拠にすることは違法である。

原処分庁の主張　本件私道は，以下のとおり，不特定多数の通行の用に供される道路ではなく，評価通達の定めによらないことが正当と認められるような特別の事情は認められないから，本件私道の価額は当初申告のとおり同通達24により，路線価を基に計算した価額の30％に相当する1,600万6,135円とすべきである。

①　本件私道は行き止まり道路の一部であり，公道と公道をつなぐいわゆる通り抜け道路のような私道またはその一部ではないこと。

②　本件私道および本件隣接私道には，集会所，地域センター，公園などの公共施設や飲食店などの店舗等は存在せず，本件私道および本件隣接私道に沿接する宅地に存する各建物の関係者の通行の用にのみ供されていると認められること。

③　本件私道は私有物としての処分の可能性がないとはいえないこと。

④　本件私道は宅地として利用される可能性が全くないとはいえないこと。

審判所の判断　請求人の提出資料，原処分関係資料および当審判所の調査の結果によれば，次の事実が認められる。

①　本件相続開始日現在の本件私道の位置，形状およびその周辺土地との接面状況等は次図のとおりである。

②　本件隣接私道は，本件被相続人の姉が所有している行き止まりの私道である。

③　本件隣接私道に沿接する宅地には戸建住宅または共同住宅であるA建物

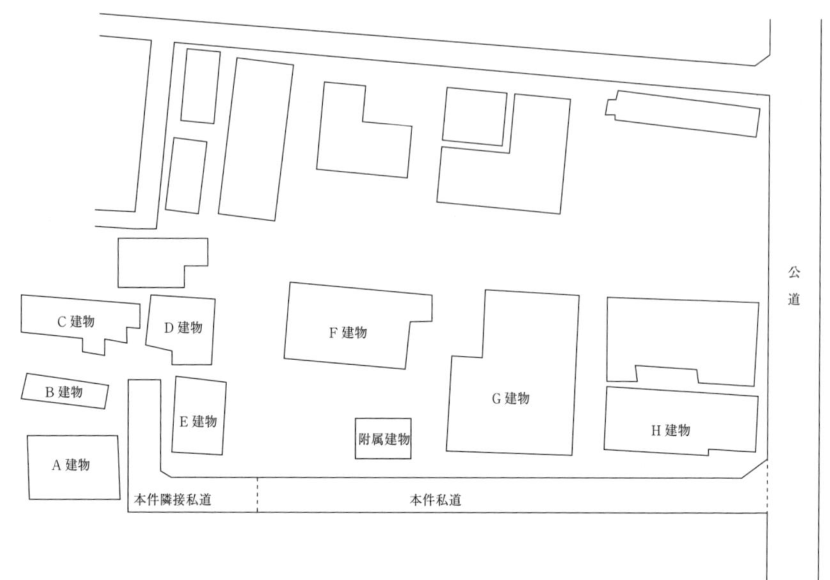

ないしE建物が，本件私道に沿接する宅地には共同住宅である建物ないしH建物がそれぞれ建築されている。

④　A建物の登記事項証明書の登記記録の「①種類」欄には，平成23年6月21日付で，「平成18年月日不詳」により「居宅診療所」から「居宅」に変更した旨記載されている。

⑤　本件私道および本件隣接私道は，公園，集会所，地域センターなどの公共的な施設等には沿接していない。

本件私道は行き止まり私道であり，また，本件私道および本件隣接私道には不特定多数の者が出入りする公共施設等が沿接していた事実も認められない。そして，本件私道および本件隣接私道に沿接する宅地には，A建物ないしH建物が建築されているが，本件私道を利用する者は，専らA建物ないしG建物の居住者およびその関係者に限られると解するのが相当である。

本件不動産鑑定評価書は，本件私道の大部分が位置指定道路であり，通行について特に制約を設けず不特定多数の者が利用できることから準公道的私道であるとして，これを前提に本件私道の価額を求めている。しかしながら，上記のとおり，本件私道を利用する者は特定の者に限られており，不特定多数の者の通行の用に供される公道に準じた道路とは認めらないことから，本件不動産鑑定評価書の試算はその前提を誤っているものである。

本件不動産鑑定評価書は，私道および宅地が一体として取引された複数の事例について，その内訳として私道価格を零円としていることを根拠に本件私道の価額を零円としている。しかしながら，一般に，行き止まり私道に沿接する宅地は，当該私道の一部の所有権等を有することにより宅地としての有効使用が可能となるから，当該私道について経済的な価値が認められる。そして，このような宅地と私道は一体で取引されるのが通常であり，私道の価額は宅地の価額に内含されているものと解すべきであるから，当該各取引事例をもって当然に，本件私道の価額を零円と試算することは相当でない。

さらに，請求人は，将来の宅地化の可能性を根拠に評価することは違法である旨主張する。しかしながら，土地の時価は，現在の利用形態のみを基礎として形成されるものではなく，将来の利用形態の変化の可能性を内在したものであるから，将来の宅地化の可能性が存する場合に，これを考慮して時価を算定することに違法はない。

以上のとおり，本件私道の価額を本件鑑定評価額により評価すべきとする請求人の主張には理由がなく，評価通達の定めによらないことが正当と認められる特別の事情は認められないから，本件私道は同通達24の定めにより，路線価を基に計算した価額の30%に相当する価額によって評価するのが相当である。したがって，本件更正の請求に対して更正をすべき理由がないとした本件通知処分は適法である。

コメント 請求人は，本件私道は，不特定多数の人が通行の用に供する私道なので，零評価にするべきだと主張するも，審判所は本件私道は特定の人の用に供する私道なので，零評価とは言えないと判断した。

本件について考えると，本件私道のうち公道から35mまでが位置指定道路で，西側の本件隣接私道は本件被相続人の姉の所有地である。

A，B，C，D，Eの各建物の敷地は被相続人の姉の所有地，F，G，Hの各建物の敷地は相続した土地で，F，G，Hの各建物は被相続人および親族が所有する建物であり，本件私道および本件隣接私道に接面する土地等は被相続人に関係する人達が所有する土地・建物に該当している。

以上を踏まえた場合，多数の利害関係者がいるが，位置指定道路は廃止される可能性が零に近いかどうかを考えれば，本件裁決は位置指定道路の廃止は十分ありえると判断したと考えられる。

なお，「不特定多数の者の通行の用に供されている私道」とはどういうものであるかについて国税庁が次のように具体例を示している。

【照会要旨】

1　私道が不特定多数の者の通行の用に供されているときは，その私道の価額は評価しないこととなっていますが，具体的にはどのようなものをいうのでしょうか。

2　幅員２ｍ程度で通り抜けのできる私道は財産評価基本通達 24 に定める不特定多数の者の通行の用に供されている私道に該当しますか。

【回答要旨】

1　「不特定多数の者の通行の用に供されている」例を具体的に挙げると，次のようなものがあります。

イ　公道から公道へ通り抜けできる私道

ロ　行き止まりの私道であるが，その私道を通行して不特定多数の者が地域等の集会所，地域センター及び公園などの公共施設や商店街に出入りしている場合などにおけるその私道

2　不特定多数の者の通行の用に供されている私道とは，上記のようにある程度の公共性が認められるものであることが必要ですが，道路の幅員の大小によって区別するものではありません。

【19】多額の借入金により不動産を取得するのは相続税負担の軽減が目的と推認されるので，評価通達によらないことが相当と認められる特別の事情があると認められる。したがって，不動産鑑定評価による評価が相当であるとした事例

（札裁(諸)平28第15号・平成29年5月23日公開）

本件事案の概要 相続人は，相続により取得した財産の価額について，評価通達に定める方法により評価して相続税の申告をしたところ，原処分庁が，一部の土地および建物の価額は，評価通達の定めによって評価することが著しく不適当と認められるとして，国税庁長官の指示を受けて評価した価額により相続税の更正処分等をしたのに対し，請求人らが原処分庁全部取消しを求めた事案である。

請求人の主張 本件不動産については，次のとおり，評価通達に定める評価方法によらないことが相当と認められる特別の事情はない。

本件更正処分は，本件不動産を借入金で取得し，本件通達評価額を上回る債務をほかの相続財産から控除して，相続税の過度な節税対策または租税回避をしたものとみなし，評価通達6を適用したことがうかがわれるが，評価通達6の要件とされる特別の事情には，節税や租税回避の意図といった主観的要素は該当しないから，節税や租税回避を阻止するための根拠として評価通達6を適用することは，その制定趣旨に反した運用で，課税庁の恣意的な課税となり，租税法律主義に反する。

評価通達とは別の評価方法によって評価して本件更正処分をしたことは，国税庁長官が発した評価通達に従って財産評価を行い，本件申告をした請求人ら納税者の信頼を裏切るものであり，法の一般原則たる信頼保護法理に違背し，違法である。

原処分庁の主張 本件不動産については，次のとおり，評価通達に定める評価方法によらないことが相当と認められる特別の事情がある。

本件不動産通達評価額は，本件不動産の取得価額および本件不動産鑑定評価額の30%にも満たない僅少なもので，著しい価額の乖離がある。

本件申告における本件不動産を除く取得価額は約○億円であるところ，本件被

相続人および請求人による本件不動産の取得から借入れまでの一連の行為により，本件被相続人の本件相続開始日における財産の価額を減少させ，併せて債務を増加させたものであり，その結果として，相続税額が全く算出されておらず，このことは，ほかに多額の財産を保有せず同様の方法を採った場合にも結果としてほかの相続財産の課税価格の大幅な圧縮による相続税の負担の軽減という効果を享受する余地のない納税者との間での租税負担の公平を著しく害し，また，富の再分配機能を通じて経済的平等を実現するという相続税の機能に反する著しく不相当な結果をもたらしている。

以上のとおり，本件不動産の評価に当たり，評価通達に定める評価方法を形式的に適用することによって，実質的な租税負担の公平が著しく害されることとなることは明らかであるから，本件不動産には評価通達に定める評価方法によらないことが相当と認められる特別の事情がある。

したがって，本件不動産は，評価通達6の定めにより，国税庁長官の指示に基づき評価することとなり，当該指示に基づき評価した価額である本件鑑定評価額は，相続税法第22条に規定する時価を適正に反映している。

審判所の判断　原処分関係資料ならびに当審判所の調査および審理の結果によれば，次の事実が認められる。

本件被相続人が本件不動産を取得した時期は，本件被相続人が，事業承継について銀行に相談し，その事業承継のための方策の一環として請求人と養子縁組した時期に近接した時期である。

本件被相続人が，上記の金員の借入れを申し込んだ際に，銀行の担当者は，「貸出稟議書」と題する書面を作成したところ，当該各書面には「採上理由」として相続税対策のため不動産購入を計画，購入資金につき借入れの依頼があった旨，および相続税対策のために不動産の購入，前回と同じく相続税対策を目的として収益物件の購入を計画，購入資金につき借入れの依頼があった旨の記載があり，本件被相続人は，上記の金員の借入れを申し込むに際し，銀行との間で，金員の借入れの目的が，相続税の負担の軽減を目的とした不動産購入の資金調達にあるとの認識を共有していた。

上記のとおり，本件被相続人は，①事業承継に伴う遺産分割や相続税の負担を懸念し，銀行に対し診断を申し込んだこと，②銀行から，借入金により不動産を取得した場合の相続税の試算および相続財産の圧縮効果についての説明を受けていたこと，③本件不動産の購入資金の借入れの目的が相続税の負担の軽減を目的とした不動産購入の資金調達にあると認識していたこと，および④事業承継のための方策の一環として請求人と養子縁組をした時期と近接した時期に本件不動産を取得していることを総合すれば，本件被相続人の本件不動産の取得の主たる目的は相続税の負担を免れることにあり，本件被相続人は，本件不動産の取得により本来請求人らが負担すべき相続税を免れることを認識した上で本件不動産を取得したとみることが自然である。

また，本件被相続人が不動産を取得することで，請求人が上記のような相続税の負担を免れるという利益を享受し得るためには，不動産の購入資金の大半を借入金により賄うことで借入金債務を負担するとともに，その借入金債務が，購入する不動産以外の積極財産に係る課税価格を圧縮できる程度に多額のものでなければならない。実際，本件被相続人が，本件不動産の購入資金の大半を銀行からの借入金により賄ったところ，その借入金の総額は，本件通達評価額を上回り，課税価格を圧縮する多額のものであった。そして，本件被相続人が，銀行から多額の借入れをすることができたのは，本件被相続人の一族および○○社が保証人となり，かつ，本件不動産に加え，○○社が所有する不動産に抵当権を設定することができたためであると認められる。

このように，本件不動産について，本件通達評価額を課税価格に算入すべきものとすると，請求人らが，本件不動産を取得しなかったならば負担していたはずの相続税を免れる利益を享受するという結果を招来する。これは，本件被相続人が相続税の負担の軽減策を採ったことによるものであり，このような事態は，同様の軽減策を採らなかったほかの納税者との間の租税負担の公平はもちろん，被相続人が多額の財産を保有していないため，同様の軽減策によって相続税負担の軽減という効果を享受する余地のないほかの納税者との間での実質的な租税負担の公平を著しく害し，富の再分配機能を通じて経済的平等を実現するという相続税の目的に反する著しく不公平なものであるといえる。

請求人は，評価通達に定める評価方法によらないことが相当と認められる特別の事情は，路線価の決定の際に考慮されていなかった潜在的な土地の価額低下要因が路線価の決定後に明らかにされた場合，すなわち路線価に反映されない客観的な時価の変動要因である地盤沈下や近隣の廃棄物処理施設等の建設予定等の客観的な評価減の根拠事実が発生し，その結果として時価が激変したことが具体的かつ客観的に立証された場合に限られる旨主張する。しかしながら，特別の事情は，上記のとおり，「評価通達に定める評価方法を画一的に適用するという形式的な平等を貫くことによって，富の再分配機能を通じて経済的平等を実現するという相続税の目的に反し，かえって実質的な租税負担の公平を著しく害することが明らかな場合」に認められるものと解され，土地の価額が低下した場合に限られるものではない。したがって，この点に関する請求人の主張は採用することができない。

請求人は，本件被相続人に節税や租税回避の目的があったような事情をもって特別の事情があると判断することは許されず，このような判断が許されるとするならば，課税庁による恣意的な課税が可能になり，租税法律主義に反する旨主張する。しかしながら，特別の事情が認められるのは上記のとおりであり，これに基づき上記のとおり判断したところ，その際に，本件被相続人に相続税の負担の軽減という目的があったことを特別の事情の有無を判断する上で考慮することは許されるものであり，このように解したとしても，特別の事情がない限り，課税庁としては，評価通達に定める評価方法以外の方法による評価を採用することが許されないのであるから，租税法律主義に反することにはならないというべきである。したがって，この点に関する請求人の主張は採用することができない。

請求人は，通達評価額と不動産鑑定士等によるほかの評価方法による評価額との間の乖離が著しいことはまれではなく，その場合の全てに評価通達に定める評価方法以外の評価方法が採用されているわけではなく，特に本件不動産の近隣不動産の評価においても，評価通達に定める評価方法以外の方法による評価額に基づく課税処分が行われているかどうか明らかではないから，本件不動産について特別の事情があるとして評価通達に定める評価方法を採用しないことは，租税公平主義に反する旨主張する。しかしながら，本件不動産について特別の事情があると認められる以上，仮に同様の事案において，評価通達に定める評価方法以外の方法による評価額に基づく課税処分が行われなかった事例があったとしても，課税庁が，殊更恣意的に本件についてのみ異なる取扱いをしたというような特段の事情がない限り，これをもって直ちに租税公平主義に反するものとはいえず，本件不動産について評価通達によらないことが相当と認められる特別の事情の存在を否定すべきであるとはいえない。また，そのような特段の事情があることをうかがわせる証拠もない。したがって，この点に関する請求人らの主張は採用することができない。

請求人は，評価通達に定める評価方法とは別の方法による評価額に基づき更正処分をすることは，納税者の信頼を裏切るものであり，信頼保護の原則に反する旨主張する。しかしながら，評価通達6が「通達の定めによって評価することが著しく不適当と認められる財産の価額は，国税庁長官の指示を受けて評価する。」と定めているとおり，評価通達自体，評価通達に定める評価方法による評価がいかなる場合にも適用されるものではないことを明示しているのであるから，その主張の前提を欠くものというべきである。したがって，この点に関する請求人の主張は採用することができない。

コメント 請求人は，本件不動産については評価通達に定める評価方法によらないことが相当と認められる特別の事情がないので，評価通達に定める評価方法で評価すべきだと主張する。しかし，被相続人が多額の借入金により不動産を取得することで相続税負担の軽減を目的として本件不動産を取得したと認められる。また，多額の借入金が評価通達に定める評価方法による評価額を著しく上回り，借入金債務が本件不動産以外の相続財産の価額からも圧縮できる程度に多額なものであり，請求人らが負担すべき相続税を免れるという結果になった。評価通達に定める評価方法を画一的に適用することによって税負担の公平を害することは明らかなので特別の事情があると認められる。よって，不動産鑑定評価に基づく評価が相当であると審判所は判断した。

本件においては，ほぼ全額を借入金で本件不動産を取得し，借入金を増やすことで相続税を免れるのは悪質であるとともに税負担・公平を害するものだと審判所は断定した。その背景には，本件被相続人は銀行の融資を受けるにあたり金銭の借入れの目的が，相続税の負担の軽減が不動産購入の資金調達にあることがはっきりしたからである。本件不動産の通達評価額は不動産鑑定評価額の約30%未満の価額であり，時価と著しい価額の乖離があることが特別の事情があると審判所が判断したものである。

【20】市街化調整区域に存する本件土地の価額は，評価通達の定めにより評価すると著しく高く時価として不適切と判断されるので，請求人の主張する鑑定評価をすることが相当であるとした事例

（関裁（諸）平13第89号・平成14年6月18日）

本件土地の概要　本件第一土地（2,325㎡）は，農家集落の北側に位置し，幅員約7ｍの市道からの距離が約40ｍの奥行が長い台形の無道路地で，広葉樹，竹等の雑木林である。

本件第二土地（3,950㎡）は，農家集落の北側に位置し，幅員約4ｍの舗装市道と幅員約2.7ｍの未舗装市道に接した，間口に比べ奥行が極端に長い土地で，高低差の平均が4ｍの法地である。幅員約4ｍの市道沿いは間口が約3ｍで，幅員約2.7ｍの市道沿いは間口が約40ｍである。また，被相続人の居住用家屋の敷地と地続きで，法地であるとともに針葉樹，竹等が植えられ，いわゆる屋敷林となっている。

本件第一土地と本件第二土地とを併せて本件土地という。本件土地が存する地域は市街化調整区域で，昔からの農家集落地域で，単独での開発は困難である。

請求人の主張　請求人の申告における鑑定評価は，次のとおりであり，本件土地の価額は適正であるから，本件更正処分の全部の取消しを求める。

本件土地が所在する地域（以下，「本件地域」という）の標準画地は，幅員2ｍの未舗装市道に接する1,200㎡の平地林とした。その理由は，本件地域は，昔からの集落を構成している地域であり，将来宅地化や事業用地化に適するような土地の存在はなく，宅地開発の可能性は極めて低い地域であること，そして，本件第一土地は無道路地であり，本件第二土地は幅員約2.7ｍの未舗装市道に接していることから，評価対象の土地の現状とその土地の具備する効用が類似する土地を選定したためである。

本件土地における最有効使用は，当面現況利用（雑木林）とした。その理由は，本件第一土地は，市街化調整区域内の公道までの距離が約40ｍの無道路地で，現在は何ら利用できない状態にあり，また，本件第二土地は，市街化調整区域内

の幅員約2.7 mの市道に接した，間口に比べ奥行が極端に長い土地で，高低差平均4 mの法地（雑木林）となっており，現状では自宅裏に位置することから，防風林と法地としての効用しかないためである。

なお，市街化調整区域内の土地は，駐車場あるいは資材置場に転用することが可能であるが，本件第二土地は，法地でしかも間口に比べ奥行が極端に長いことから，駐車場等に転用するには，多額の造成工事費が必要なこと，通路を布設すると有効面積が相当縮小されること，幅員2.7 mの道路では大型車の利用ができないこと等から駐車場等として使用することはできない。

なお，原処分庁の鑑定評価では，最有効使用は本件地域の宅地地域化を10年後と想定し，一般住宅の敷地に供するものとして，開発法による価格を比較考量して標準画地の価格を算定しているが，本件地域の宅地化を考えること自体適切ではないが，仮に一般住宅敷地が最有効使用とみるとしても，現実味のある年数で計算すべきであり，それは短くとも20年以上はかかるものと思われ，20年では，10年後の想定計算の評価額の半額以下になり，根拠のないものといえる。

原処分庁の主張　本件更正処分における鑑定評価は，次のとおりであり，本件土地の価額は適正であるから，審査請求をいずれも棄却するとの裁決を求める。

本件地域の標準画地は，幅員7 mの舗装市道に接する2,000㎡の平地林とした。その理由は，本件地域の状況および周囲の宅地化の状況から，本件地域は宅地化への期待性を有する地域であると認められ，10戸程度の小規模開発でも需要は見込まれるものと考えたためである。また，本件地域内を東西に走っている幅員7 mの舗装市道は，本件土地には接していないものの，本件土地に近いことから，本件土地の価格形成に影響を及ぼすものと認められる。

本件土地における最有効使用は，本件地域が宅地地域化するまで待ってから区画割りして，一般住宅の敷地に供することであると判定した。その理由は，本件地域は，宅地化への期待性を有する地域であると認められることから，宅地見込地と判断され，周囲の状況から最短で10年後は宅地開発が想定されるためである。

審判所の判断　本件土地の価額として，原処分庁および請求人のいずれの鑑定評価が適正であるかに争いがあるので，以下審理する。

原処分庁は，本件地域の中央部における都市計画道路の工事の完成により交通の利便性が高まるものと期待されると主張するが，本件地域における現状をみると，格別の変動要因があるものとは認められず，当分の間は，現状を維持するものと認められる。なお，原処分庁は，本件地域の標準画地は，本件地域を東西に走る幅員７ｍの市道沿いに10戸程度の開発が可能な2,000㎡の平地林とすべき旨主張するところ，確かに，本件地域には幅員７ｍの市道に接している山林も見受けられるものの，本件地域に散在している多くの山林はそのような状況にはなく，しかも，本件土地の現状を考えれば，本件地域が，その状況および周囲の宅地化の状況から宅地化への期待性を有する地域であるとまで認めることはできず，原処分庁の主張は採用することができない。

そこで，原処分庁および請求人のいずれの鑑定評価が適正であるかに争いがあるので以下判断することとするが，原処分庁および請求人の主張を整理すると，本件土地の価額について，その開差が大きい理由は，鑑定評価における標準画地の認定，最有効使用の考え方，取引事例の選定および規準価格の算定に大きな相違があるためと認められるので，これらを中心に判断する。

原処分庁は，雑種地（トラック置場）の売買のほか，倉庫等の敷地に転用する目的で売買している事例等を取引事例として選定しているが，上記における標準画地および最有効使用の考え方から採用された事例であることから，採用することはできない。

本件地域および本件公示地は，いずれも市街化調整区域内にあり，都市計画法上，開発行為は厳しく制限されており，転用が可能としても，駐車場，資材置場，学校，墓地等である。請求人が主張するように，駐車場，資材置場，墓地等に転用するためには，面的な広がりがあり，山林の開発を阻害するような行政的制約がないことが必要条件であるところ，本件地域は，このような条件を満たしているとは認められないが，本件公示地周辺は，現実として資材置場，墓地，産業廃棄物処理施設等が散見される。そうすると，昔からの集落地である本件地域の標準画地よりも，本件公示地が上位にあると判断される。なお，原処分庁は，本件地域の標準画地は宅地見込地であり，小規模の宅地開発も想定可能であるとしているが，都市計画法上，市街化調整区域に指定されている本件地域における現状から考えれば，にわかに採用することはできない。

以上審理したところによれば，本件土地の標準画地の認定，最有効使用の考え方，取引事例の選定および規準価格の算定のいずれについても請求人の主張には合理性があり，本件土地の価額は，請求人の主張する鑑定評価によることが相当であると認められることから，本件第一土地の価額は2,883万円，本件第二土地の価額は6,202万円となる。なお，原処分庁は，標準画地の価格の算定に当たり，開発法による価格を比較考量しているが，上記の考え方からすると，その必要はないものというべきである。

以上の結果，請求人の本件土地の価額は，申告に係る本件土地の価額と同額となるから，本件更正処分はいずれもその全部を取り消すべきである。

コメント 本件は，請求人と原処分庁の鑑定評価の争いになったが，鑑定評価における標準画地の規模の大きさ，最有効使用の考え方，取引事例の選定等において請求人鑑定評価額が合理性があると判断されて，請求人の主張が全面的に認められた。それに反し，原処分庁側の鑑定書では本件地域の宅地化は短くても20年以上はかかるとの判断がされていることもあって，評価額は根拠がないと切り捨てられた。

将来予測については，不動産鑑定評価基準［総論］第4章の不動産の価格に関する諸原則の「XI　予測の原則」において，「財の価格は，その財の将来の収益性等についての予測を反映して定まる。不動産の価格も，価格形成要因の変動についての市場参加者による予測によって左右される」と述べている。

本件のように市街化調整区域内の宅地化を予測するスピードによって地価へ大きく影響が及ぶことを考えると，宅地化への期間等は慎重に判断すべきである。

請求人と原処分庁の宅地化の考え方の比較は下記の通りである。

① 標準画地の規模の大きさについて

請 求 人…幅員2ｍの未舗装市道に接面する1,200㎡の平地林

原処分庁…幅員2ｍの舗装市道に接面する2,000㎡の平地林

② 最有効使用の考え方

請 求 人…本件地域の宅地地域化は20年以上と想定

原処分庁…本件地域の宅地地域化は10年後と想定

③　取引事例の選定

請 求 人…山林を山林として売買している事例，畑を畑として売買している事例等を選定

原処分庁…倉庫等の敷地に転用する目的で売買している事例等

【21】請求人は本件土地は評価通達によらないことが正当と認められる特別の事情があると主張するが，当該鑑定書は合理性を欠く点が多いので本件土地の時価を適切に示しているとは認められないとした事例

（東裁(諸)平23第222号・平成24年5月16日）

本件土地の概要　本件C土地は，地積764㎡で，月極め駐車場として利用されている。北東側が幅員約3.5ｍの市道に，また南東側も幅員約4ｍの市道に接面する長方形の土地である。用途地域は第一種住居地域（建ぺい率60%・容積率200%）である。

請求人の主張　本件C土地の評価通達による価額は時価を上回っているから，評価通達によらないことが正当と認められる特別の事情がある。本件C土地の時価は，請求人の鑑定書による請求人鑑定額であり，評価通達により評価した価額は時価を上回る高額なものである。

国土交通省ホームページの「土地総合情報ライブラリー」に掲載された土地の取引価格および不動産業者で確認した本件A土地ないし本件D土地の近隣の地積500㎡以上の複数の土地の取引価格は，標準的な地積の宅地に比較して半額程度でしか取引されていないから，標準的な規模の土地の価格を基とした本件A土地ないし本件D土地の評価通達による価額は時価を上回っているといえる。

原処分庁の主張　以下のとおり，本件C土地について，評価通達によらないことが正当と認められる特別の事情はない。

請求人鑑定書は地積過大による50%の減価を行っているが，本件A土地ないし本件D土地の最有効使用はマンション等の敷地であるとしていることからすれば，開発は不要であるから，地積過大による減価を行う必要はない。

本件C土地が工場地域に接近していることをもって，住環境に係る15%の減価をしているが，本件C土地よりも工場地域に近接している本件A土地および本件B土地の鑑定額の査定において，当該減価要因を考慮していないことと整合性を欠く。

請求人が主張する面積が広大な土地の取引価格については，当該取引価格の決定に際し，売り急ぎおよび買い進み等の事情の有無が明らかでないことなどから，

面積が広大な土地の価額が標準的な広さの土地の半分以下であると断定することはできない。

審判所の判断　請求人の提出資料，原処分関係資料および当審判所の調査の結果によれば，請求人が書面により提出した本件A土地ないし本件D土地の周辺に位置する地積500㎡以上の4箇所の土地の取引事例は，いずれも戸建住宅の敷地の用に開発されている土地である。

本件C土地鑑定書は，価格を試算するに当たり，地域格差，戸建分譲住宅との競争力，市場性等を考慮の上，本件C土地上に建築することを想定するマンションの分譲単価を49万円/㎡（床面積）と査定しているが，当該分譲単価は，同一需給圏内の類似地域に存在する5箇所のマンション分譲事例の平均分譲単価が60万円/㎡（床面積）であることからすると，明らかに過少であり，合理性を欠くものである。そうすると，このように合理性を欠く想定建築工事費や分譲単価をもとに試算された価格もまた合理性を欠くものである。

地積が広大な土地であってもマンション等の敷地として一体利用する場合は，地積が広大であることによる減額の補正を行う必要はない。しかるに，本件C土地鑑定書は，本件C土地の最有効使用はマンションの敷地として一体で利用することであるとしながら，地積が過大であることによる減額の補正を行っており，合理性を欠くものである。本件C土地鑑定書は，本件C土地は工場地域に近接するとして15%の減額の補正を行っているが，15%の減額は明らかに過大であり，合理性を欠くものであるから，本件C土地鑑定額は本件C土地の時価を適切に示しているものとは認められない。

以上のとおりであるから，本件C土地について，評価通達によらないことが正当と認められる特別の事情はなく，評価通達により評価した価額が時価を上回る価額であるとする請求人の主張にはいずれも理由がない。したがって，本件C土地の価額は，上記で述べたとおりの合理性を有する評価通達による評価した価額によることが相当である。

コメント　審判所は請求人が提出した鑑定評価書について，①対象不動産の最有効使用を近隣地域の標準的使用と同様，一体利用の上，分譲マンションの敷地に供することと認められるとしているにもかかわらず，地積過大による減額補正をしているのは合理性を欠く。②本件C土地は工場地域に至接するとしても15%の減価は大きすぎる，と指摘している。したがって，本件C土地の鑑定による時価評価は適切を欠くので，本件C土地の価額は，評価通達により評価した価額が相当であると結論づけている。

鑑定評価にあたり地積規模による減価をしておきながら，本件土地の最有効使用はマンション等の敷地として一体利用をすることであるとして価額を求めるケースが裁決書において散見されるが，本件土地をマンション等として一体利用するとしたら，敷地の地ならし等は必要であるが，開発に伴う開発道路等が発生すること等がないので開発造成費はほぼ少なくてすみ，地積規模による減価は不要と考えるのが相当である。

本件裁決書によれば，本件C土地は評価通達24-4《広大地評価》に定める広大地に該当するか否かの争点にもなっている土地であるが，上記鑑定評価書では本件C土地の最有効使用はマンション適地と判定している。広大地通達が適用されるには，本件C土地は開発行為をするとした場合に公共・公益的施設用地の負担が必要な土地であることが要件となる。審判所の認定事実には本件D土地周辺で500㎡以上の4事例が戸建住宅の用に開発された土地であると指摘している。広大地になる可能性の高い土地であることが分かる。そうなると，本件C土地において請求人土地鑑定額と広大地評価を適用して求めた評価通達による価額との価額差は300万円余りである。ここまで争いをする必要があったのかと思う。

鑑定評価書は争いの中心となる価格についての説明資料に該当するので，鑑定評価書を発行するにあたりその内容をよく吟味し検討した上で発行していると推察するが，上記のような諸問題が見つかり，相手側から反論されている。しかし，読み手側からすると，要所要所に注意点が散りばめられているので，それらを踏まえ生かしていくことが大事である。

【22】私道の用に供されている本件土地は，評価通達の定めにより難い特別の事情があるか否かが争われた事例

（平成23年6月7日裁決・公開）

本件土地の概要 本件土地は，その北西側で市道（以下，「本件公道」という）に面しており，建築基準法第42条《道路の定義》第1項第5号に規定する道路（以下，「位置指定道路」という）として位置指定を受けている。本件土地は，その北西側において本件公道に面している。本件土地（234.76㎡）は，登記簿上および台帳上公衆用道路である。

請求人は本件相続により本件土地に係る10分の8の共有持分（以下，「本件持分」という）を取得した。

請求人は，本件土地の価額は不動産鑑定士が作成した不動産鑑定評価書に基づく鑑定評価額（以下，「本件鑑定評価額」という）がゼロ円であるとして，更正の請求をした。

請求人の主張 本件土地は，本件土地の沿接地の関係者および不特定多数の者の通行の用に供されており，不動産鑑定評価上，その価額がゼロ円となるので，評価通達の定めにより難い特別の事情があることとなるから，本件持分の価額は本件鑑定評価額を基礎とすべきである。

本件鑑定評価額が客観的交換価値を示していることは，次のことからも明らかである。

本件土地は位置指定道路であり，本件土地の沿接地の関係者および不特定多数の者によって，現に無償で通行の用に供されているから，今さら通行権を確保するために，本件土地が購入されることは非現実的である。

本件土地のうち，本件公道と交わる間口から奥行き0.5mの部分は，本件公道の一部として利用されているので評価額はゼロ円となり，さらに，当該公道の一部として利用されている部分を除いた地積は，調査したところ103.76㎡であるから，本件持分を宅地として評価すると，232万4,805円となる。

そして，本件土地を売買する場合には，本件土地の地目を公衆用道路から宅地へ変更するための登記費用および位置指定道路を廃止するための諸費用110万980円ならびに本件土地の隣接地の所有者から位置指定道路の廃止について同意

を得るための損失補償費用1,768万4,000円（以下，これらの費用を併せて「本件廃止費用等」という）が発生する。

したがって，本件持分を宅地として評価した額232万4,805円から本件廃止費用等を控除すると，その価額がマイナスになることから，本件持分の評価額はゼロ円となる。

原処分庁の主張 本件土地の私道としての価値をゼロ円とする内容の本件鑑定書は，次のとおり合理性を欠くものであり，その結果算定された本件鑑定評価額は，本件相続開始時における本件土地の客観的交換価値を示しているとは認められないから，評価通達の定めにより難い特別の事情は認められず，本件鑑定評価額を基礎として本件持分の価額を評価することはできない。

① 本件土地は，特定の者の通行の用に供されている私道であり，地価公示における地価調査に用いられる土地価格比準表上の共用私道と認められるところ，土地価格比準表では，共用私道の価額をゼロ円とすることは予定されていない。

② 本件土地は，私人の所有物である以上，私有物としての処分可能性がないとはいえず，また，本件土地の登記簿上の地目が「公衆用道路」であることをもって，その処分が妨げられるものではないので，これをもって本件土地の価額をゼロ円とすべき根拠には当たらない。

③ 本件土地の地目が公衆用道路であること，および本件土地が位置指定道路であり，その変更，廃止に一定の制限が加えられているということ等は，評価通達24に定める計算方法において考慮されているのであって，評価通達において，請求人らが主張する本件廃止費用等を個別に控除すべき旨の定めはない。

④ 本件土地の実際の地積と登記簿上の地積とが異なる場合には，実際の地積により評価すべきであるが，請求人が提出した測量図によれば，境界確定がされているか否かも判然とせず，その正確性も定かでないことから，請求人が主張する地積等を本件相続開始時における本件土地の実際の地積等として採用することはできない。

⑤ したがって，正面路線価11万5,000円を基に，評価通達24の定めにより，請求人が主張する公道の一部として利用されている部分を除いて評価すると，本件持分の評価額は545万7,738円となり，本件申告額を上回っている。

審判所の判断 本件土地は，その北西側で本件公道とほぼ垂直にＴ字路型に交わる行き止まりの土地（以下，本件土地と交わる部分を「本件甲土地部分」といい，その他の部分を「本件乙土地部分」という）であり，本件乙土地部分に隣接する土地には居宅およびアパートが存在する。本件被相続人は，平成10年9月6日に本件土地の持分10分の1をそれぞれ譲渡した。当審判所が，請求人の代理人の立会いの下，本件土地に係る境界標等を基準に実測し，また，本件土地等の地積測量図および境界査定図を調査して算定したところによれば，本件土地の各地積は下表の通りである。

＜当審判所が認定した本件土地の地積＞ （単位：㎡）

	地積（審判所認定）	うち，本件甲土地部分の地積	うち，本件乙土地部分の地積
①	69.12	3.04	66.08
②	32.48	1.35	31.13
③	7.76	—	7.76
合　計	109.36	4.39	104.97

請求人は，本件鑑定評価額が本件土地の客観的交換価値を示していることを前提として，評価通達の定めにより難い特別の事情があるから，本件持分の価額は本件鑑定評価額を基礎とすべきである旨主張する。

しかしながら，本件鑑定評価額は，本件鑑定書において，税務上，経済上，登記簿上および利用上等の観点から総合的に判断し，本件価値率をゼロとして算定されているところ，利用上の観点については，本件土地が不特定多数の者の通行の用に供されている道路であることを前提に鑑定評価が行われていると認められるが，本件土地のうち，本件甲土地部分は，本件公道と一体となっているから，不特定多数の者の通行の用に供されていると認められるものの，本件乙土地部分は，行き止まりのいわゆる袋小路であるから，本件相続開始時において専ら本件土地に隣接する土地上の居宅およびアパートの居住者という特定の者の通行の用に供されていると認められる。

したがって，本件鑑定書は，本件土地を評価する上で前提となる事実の評価を誤ったものであり，その内容に合理性があるとは認められないから，これを信用することはできず，本件鑑定評価額は，本件土地の客観的交換価値を示しているということはできない。

また，請求人は，本件土地のように公衆用道路として登記された土地が単独かつ有償で取引された事例はない旨主張する。しかしながら，当審判所の調査の結果によれば，登記簿上の地目が公衆用道路である私道が，平成19年に市内で単独かつ有償で取引された事例が認められることからすれば，本件土地に財産的価値がないとはいえず，この点に関する請求人の主張は採用できない。

以上のとおり，本件鑑定評価額は，本件土地の客観的交換価値を示しているということはできず，また，当審判所の調査の結果によっても，ほかに本件土地の価額を評価するに当たって評価通達の定めによることが著しく不適当と認められる特別の事情があるとは認められないから，本件持分の価額は相続税評価額をもって時価とすることが相当である。

本件持分の価額は相続税評価額をもって時価とすることが相当であるところ，本件土地のうち本件甲土地部分は不特定多数の者の通行の用に供されていることから，評価通達24の定めに基づき，価額は評価せず，また，本件乙土地部分は不特定多数の者の通行の用に供されていないことから，同通達24の定めに基づき，同通達11から21-2までの定めにより計算した価額の100分の30に相当する価額によって評価するのが相当である。そうすると，正面路線価は11万5,000円であり，本件乙土地部分の奥行距離および間口距離等ならびにその地積を基に本件持分の相続税評価額を算定すると，本件甲土地部分はゼロ円となり，本件乙土地部分は240万9,271円となる。この点に関し請求人は，評価通達82の定めに基づき，本件持分を宅地として評価した額から本件土地を売買する際に発生する本件廃止費用等を控除して評価すべきである旨主張する。しかしながら，評価通達82によっても，本件乙土地部分のような専ら特定の者の通行の用に供されている私道の評価について，請求人が主張するような売買を前提とした場合に負担が見込まれる本件廃止費用等を評価額から個別に減額することは定められていないから，この点に関する請求人の主張は採用できない。

請求人は，相続に係る相続税の申告において，本件持分の相続税評価額を本件申告額のとおり算定しているところ，本件申告額は，当審判所において算定した本件持分の相続税評価額240万9,271円を上回ることから，本件各通知処分はいずれもその一部を取り消すべきである。

コメント 請求人は，本件土地は不特定多数の者の通行の用に供されている私道であることを前提に鑑定を行い，上記の通り評価はゼロ円と主張するが，審判所は本件土地の大部分は行き止まりの道路で本件土地に隣接する居住者の特定の者の通行の用に供されているものであって，不特定多数の者の通行の用には供していないと判断した。ここに認識の違いがあり，審判所は請求人の求めた価格に合理性はないという。また，本件土地の価額は評価通達の定めによることが著しく不適当と認められる特別の事情はないとして，本件土地の価額は評価通達により算定された価額をもって時価とすることが相当であると判定した。

上記の通り，請求人の鑑定評価書の内容は不動産鑑定評価基準に基づくものではなく，どちらかというとコンサル的要素を含む意見書といえるものである。

私道の評価において現況を把握すべき事項の１つに，その私道が，①行き止まりのいわゆる袋小路なのか，②公道から公道に抜ける間にその私道があるのかによって評価がゼロになるのか否かの判断基準を国税庁は設けている。現場の状況を確認することが大事である。

私道の評価にあたり，公道とどのように接続しているかを資料（地図・公図・地積測量図等）と現地の確認を通じて判断する必要がある。さらに，役所の建築指導課，建築審査課等または開発指導課，開発調整課等で当該道路が公道とどうつながっているかを確認するとともに，建築基準法上の道路であるか否かを確認しなければならない。

なお，建築基準法第 42 条第１項に規定される道路は次のように区分される（第３項～第６項は省略）。

通称名	備　　考
道路法による道路（1 号道路）	国道，都道府県道，市区町村道で幅員４ｍ以上のもの（場合により６ｍ以上もある）

2号道路	都市計画法，土地区画整理法，都市再開発法等によって築造された幅員4m以上のもの(場合により6m以上もある)
既存道路	建築基準法の施行日（昭和25年11月23日）現在，既に存在している道で，公道・私道を問わない（場合により6m以上もある）
計画道路	都市計画法，道路法等により2年以内に事業が執行される予定で，特定行政庁が指定したもの（場合により6m以上のものある）
位置指定道路	特定行政庁が道路位置の指定をした幅員4m以上の私道で，一般の個人や法人が築造した私道（場合により6m以上のものある）
2項道路 (みなし道路)	建築基準法の施行日（昭和25年11月23日）現在，既に建築物が立ち並んでいた幅員4m未満の道路で特定行政庁が指定したもの

（注） 建築基準法第43条により，敷地は建築基準法上の道路に2m以上接しなければならない。ただし，敷地の周囲に広い空地を有する建築物，その他省令で定める基準に適合する建築物で，交通上，安全上，防火上および衛生上支障がないものについて，建築審査会の同意を得て特定行政庁が許可（43条許可）をした場合には，敷地の接道義務を緩和し，建築物を建築することができる。なお，建築審査会は，建築主事を置く市町村と都道府県に設置され，特定行政庁が許可を与える場合の同意や審査請求に対する裁決，特定行政庁の諮問事項の調査審議等を行う。

【23】本件土地の周囲はマンション等の敷地としての利用が成熟している地域であり，所在近隣地域における同程度の面積の売買実例価額と比較しても，その評価額は時価を下回るものではないとした事例

（平成8年6月13日裁決・公開）

本件土地の概要　本件土地（590.84㎡）の約3分の2が住居地域（国道の東側道路境界線寄り）にあり，近隣にマンション等の大型集合住宅が数多く建築されている。これらの状況からマンション等の敷地としての利用が成熟していると認められる。

請求人の主張　原処分は，次の理由により不当かつ違法であるから，本件更正の請求の金額を超える部分の取消しを求める。

本件更正の請求において，本件土地の価額として採用した本件鑑定評価額は，職業専門家たる不動産鑑定士が，不動産鑑定評価基準に沿って非常に個別性の強い本件土地の適正な客観的交換価値を求めたもので，専門家たる不動産鑑定士としての良心に従った適正な価額である。

本件土地の場合，評価通達に基づき算定した評価額（以下，「相続税評価額」という）が，個別性を適正に反映した本件鑑定評価額を上回っている以上，画一的な評価方法による評価が客観的交換価値を上回ってしまったものといえる。

さらに原処分庁は，近隣の取引事例を基に算定した本件土地の時価が相続税評価額を上回っている旨主張するが，個々の取引価格は取引等の内容に応じて個別的に形成されるのが通常であり，それは個別的な事情（不動産に係る不動産市場の特性，取引等における当事者双方の能力の多様性と売り急ぎ，買い進み等の個別的な事情）に左右されがちで，そこで形成される価格は必ずしも不動産の適正な価格を形成するとはいえず，適正な価格がいくらかということを取引価格等を通じて判断することは困難である。

したがって，価格の分析にあたってこれらの事情を捨象した原処分は不当かつ違法である。

原処分庁の主張　原処分は次の理由により適法であるから，審査請求を棄却するとの裁決を求める。

相続税法第22条《評価の原則》は，相続財産の価額は，特別に定める場合を除き，当該財産の取得の時における時価によるべき旨を規定しており，この時価とは，相続開始の時における財産の現況に応じ，不特定多数の当事者間で自由な取引が行われる場合に通常成立すると認められる価額，すなわち，客観的な交換価値をいうものと解されている。

また，本件公示価格に，本件公示価格の下落額から計算される時点修正率を乗じて本件相続開始日現在の公示価格相当額に置き換えた後，本件土地と本件公示地との距離および画地条件による価格差をそれぞれの1㎡当たりの相続税評価額の価格差により修正すると4億5,524万2,873円となる。この価額は，本件評価額（3億8,956万50円）を上回っており，本件土地に係る相続税評価額が，相続開始時におけるその土地の価額を上回っていると認められるような特別の事情は認められない。したがって，本件土地の価額は本件評価額となる。

なお，請求人は，本件鑑定書において，本件土地が面大地に該当するので，本件土地の価額は標準的な画地の価額より減価する旨主張するが，面積が400㎡を超える売買事例の1㎡当たりの譲渡価額を基に算出した本件土地の価額は，いずれも本件評価額を上回っている。

審判所の判断　本件審査請求の争点は，本件相続開始日現在における本件土地の価額の多寡であるので，以下審理する。

請求人の提出資料，原処分関係資料および当審判所が調査したところによれば，次の事実が認められる。

① 請求人は，本件土地の価額を平成4年分の路線価と評価通達に基づき次のとおり算定し，それに本件特例を適用して相続税の課税価格に算入される価額を3億164万8,050円とする本件申告書および本件修正申告書を提出した。

（正面路線価）		（奥行価格補正率）		（面積）		（自用地の評価額）
740,000円／㎡	×	0.99	×	531.75㎡	＝	389,560,050円

② 次いで請求人は，本件土地の相続税の課税価格に算入される価額を，本件鑑定評価額による2億7,938万6,023円として本件更正の請求をした。

③ 原処分庁は，本件土地の価額を3億8,956万50円と評価し，これに本件特例を適用して，本件相続に係る相続税の課税価格に算入される価額を請求人の申告額と同額の3億164万8,050円としたが，本件修正申告書の課税価格の計算に誤りがあったとして，本件更正処分をした。

④　本件土地の鑑定評価には開発法を適用し，本件土地を４区画に分割することを想定して価格を求めたが，その試算に当たっては，具体的な開発計画書などは作成せず，メモ程度のもので行った。

⑤　開発法における収益（売上）の予想を６か月経過時を10%，９か月経過時を40%および12か月経過時を50%としたのは，自分の判断で一般的な予想を立てたものである。

⑥　取引事例比較法で採用した取引事例の具体的な所在地については公表しないことになっているので明らかにすることはできない。

請求人は，本件土地が面大地に該当し，売買する場合には標準的な画地よりも価格が減価するため，このような個別性の強い不動産の適正な価格は，評価通達によらず本件鑑定評価額によるべきである旨主張し，本件鑑定書を証拠として提出したので，以下審理する。

①　当審判所の調査によれば，○○市内で本件土地と同一の用途地域にあり，かつ，面積が400㎡以上でその地域において面大地と認められる土地の売買事例13件（平成４年分７件，平成５年分６件）を抽出して，それぞれに近隣の公示価格の下落率を基に各年の１月１日現在の価格への時点修正を行い，さらに評価通達に基づく標準化補正をした価格とそれぞれの売買実例地の路線価との価格差を求めたところ，売買事例13件のうち12件が路線価を上回っていることが認められる。そうすると，○○市内で本件土地と同一規模の宅地は数多く売買されており，その価額の点においても，売買事例における価額のほとんどが路線価を上回っていることが認められるので，仮に請求人らが主張するように面大地としての減価があるとしても，その価額が路線価よりも低額になっているとは認められない。

②　また，本件鑑定書においては，面大地を理由として開発法を採用して本件土地の価格を算定しているが，当審判所の調査によれば，本件土地の面積は，近隣に所在する画地と比較しても特に著しく広大であるとは認められず，さらに，本件土地の約３分の２が住居地域（国道の東側道路境界線寄り）にあり，近隣にマンション等の大型集合住宅が数多く建築されている状況を考えれば，本件土地の周辺においては，マンション等の敷地としての利用が成熟していると認められ，このような場合，土地価格比準表には，住宅地の適用上の留意事項に，「（画地条件に係る地積の過大による減価について）第２種住居

専用地域，住居地域において，マンション敷地としての利用が成熟している場合には，一戸建住宅の敷地との比較において広大地と判定される画地であっても地積過大による減価を行う必要がないことに留意すべきである」との規定が設けられていることからしても，開発法の理論的なことはともかく，これを本件土地の時価を算定する方法として採用することは，実態に即さないものと判断されるほか，本件鑑定書における開発法による価格は，上記のとおり，具体的な開発計画書が存在せず，基礎となる開発計画の内容が不明なためその適否が確認できないこと，およびその算定の基礎となる収支内訳や開発スケジュールが具体的根拠のない想定に基づくものであり，その価格は流動的なものであることから，開発法による価格が本件土地の実証的な価格であると認めることはできない。

③　さらに，本件鑑定書では，取引事例比較法による比準価格を算定するために採用された上記の取引事例の2件については，その具体的な所在地が明らかにされておらず，また，当審判所の調査によっても，当該事例の存在が確認できないため，その比準価格を検証することができない。

④　したがって，上記のとおり，○○市内で本件土地と同様の規模を有する宅地の価額が路線価を下回っているとは認められず，また，本件鑑定評価額をもって，本件土地の相続税法第22条に規定する時価，すなわち，客観的な交換価値を証明したことにはならないので，請求人らの主張は採用することができない。

⑤　当審判所が，本件土地と同一区域内にあり，かつ，同程度の規模（500㎡以上600㎡未満）の土地の取引事例2件（以下，「本件比準地」という）を抽出し，これらに最も近い公示価格の下落率に基づく時点修正を行うとともに，現地確認を行い，土地価格比準表を適用して，本件土地と本件比準地との地域要因および個別要因の比較を行い，本件比準地の取引価額を基にして本件土地の価額を算定したところ，86万200円/㎡となる。

⑥　本件比準地から算定した本件土地の価額は近似しており，そのいずれも評価通達に基づき算定された本件土地の相続税評価額73万2,600円/㎡を上回っていることが認められる。そうすると，請求人のした申告および本件更正処分において，本件土地の価額を評価通達に基づき，3億8,956万50円と算定したことが過大な価格であるとは認められない。

以上のとおり，本件土地の価額を3億8,956万50円とした原処分庁の認定は相当であり，本件特例の適用については，請求人および原処分庁の双方に争いがないと認められ，当審判所の調査によっても相当と認められるので，本件土地の価額3億8,956万50円に本件特例を適用して本件土地の相続税の課税価格に算入される価額を計算すると3億164万8,050円となり，これに基づき請求人が本件相続により取得した財産の課税価格および納付すべき税額を計算すると前述のとおり3億8,956万50円となるから，これらの金額と同額でなされた本件更正処分は適法である。

ポイント　本件鑑定書では面大地だからという理由で開発法を適用し本件土地の価格を算定しているが，そもそも本件土地（590.84㎡）は面大地に該当するのだろうか。審判所は本件土地近隣にはマンション等の大型集合住宅が多く存在し，マンション等の敷地として利用が成熟していると判断している。

本件土地の属する近隣地域は戸建住宅が標準的使用なのかマンション等の集合住宅が標準的使用なのかによって，本件土地を戸建住宅分譲用地として開発する必要がある土地か否かを決める必要があるが，審判所は上記の如く，「本件土地の近隣はマンション等の大型集合住宅が成熟している」と判断し，本件土地の開発法を否定している。

実務的には，本件土地の属する近隣土地の住宅地図上で規模の大きな土地がどのような利用をされているかをチェックすることと，開発登録簿のチェックをすることで，ほぼこの問題は解決するものと判断する。

土地価格比準表にいう「地積過大による減価を行う必要がない」とは，戸建分譲住宅用地として開発することによる開発道路等の造成費用が発生しないので，その費用を考慮する必要がないという意味であると判断している。

請求人の不動産鑑定書には本件土地の規模が大きいので開発法を適用したが具体的な開発計画書などは作成せずメモ程度のものであったとか，取引事例比較法により取引事例を採用しているが，その具体的な所在地が明らかにされておらず，また審判所の調査によっても，当該取引事例の存在が確認できなかったので，その比準価格を検証できなかったという。本来ならば説得力ある不動産鑑定評価書であるべきところ，不信感が出てしまったのは残念である。

【24】商業地域にある本件土地は，評価通達の定めによらず，請求人鑑定評価額によるべきかが争われた事例

（平成 24 年 10 月 9 日裁決・公開）

本件土地の概要　本件土地は地積 1,340.88 ㎡で，商業地域（建ぺい率 80%・容積率 600%）に存し，本件相続開始日において更地である。

請求人の主張　評価通達に基づく評価方法は，不動産の特殊性を排した最大公約数的な算定方法であり，鑑定評価によらないで簡易かつ安価に評価する手法として示されたものにすぎない。また，路線価による評価は，線としての「道路の時価」を補正し，調整することで評価対象地の評価額を間接的に算定する方法であって，評価対象地の評価額を直接的に評価するものではない。

一方，不動産鑑定士による鑑定評価は，評価対象地の時価を直接的に評価するものであるから，不動産鑑定士による鑑定評価額こそが相続税法第 22 条にいう時価というべきである。したがって，不動産鑑定評価書に基づく相続税の申告について，評価通達が採用する路線価による評価方法（以下，「路線価方式」という）による更正処分が許されるのは，当該不動産鑑定評価書に決定的な誤りが存する不合理な場合に限るべきである。

請求人鑑定書による評価額は合理的であり，評価通達による評価額は客観的交換価値を上回っているから，本件土地の価額は請求人鑑定書による評価額によることが相当である。

原処分庁の主張　請求人鑑定書には次のとおり合理性に疑問があり，他に評価通達の定めによらないことが正当と認められる特別の事情はないから，本件土地の価額は，評価通達による評価額によることが相当である。

本件土地は本件相続開始日の直前まで本件被相続人所有に係る部分と○○社所有に係る部分の相互間で地役権を設定して一体利用していた土地であること，○○社は請求人がその大部分の株式を保有している同族会社であることからすると，本件土地をどのように利用するかについては専ら請求人らの意思によって決定できるものであり，そうすると，無道路地となる部分の経済価値をいたずらに低下させるような不自然な土地利用は通常考えられず，このことは，本件土地がその後駐車場として一体利用されていること，および現時点において既に共同ビ

ルとして一体利用が予定されていることに照らしても妥当性がある。そうすると，請求人が主張する建築上の制約は評価上考慮すべき事情には当たらず，この点を重視して大幅な補正をした請求人鑑定書には合理性に欠ける点がある。

取引事例○，○，○および○に係る事情補正は根拠が不明確であって妥当性が判断できず，取引事例○と取引事例○はともに競売事例であるにもかかわらず取引事例○についてのみ補正されていて整合性を欠き，競売事例である取引事例○よりも競売事例でない取引事例○の補正の方が大きいのは一般的にみて不自然で合理性に欠ける。取引事例○および○は地域格差が大きく，当該事例を採用することに合理性がない。

審判所の判断 本件土地に係る請求人鑑定書は，地域要因格差の分析において，標準画地の所在する地域と比べて，取引事例○，○，○，○および○をいずれも著しく高位であると見積もっているが，このような地域格差の著しい事例は取引事例としての規範性に欠けるものである。本件土地に係る請求人鑑定書は，このような規範性に欠ける事例を採用している点で不合理である。

取引事例○は競売による取引事例であり，補正を要する特別の事情がある。それにもかかわらず，本件土地に係る請求人鑑定書は事情補正をしておらず，この点で不合理である。本件土地に係る請求人鑑定書は，取引事例○，○および○について事情補正をしているが，当該鑑定書を作成した不動産鑑定士が事情補正率の査定の根拠とする取引事例カードには事情補正率の割合の数値しか記載されておらず，その他請求人から当審判所に提出された資料によっても事情補正率の割合の査定根拠が明確にされていないことから合理性が疑われる。

取引事例○は，複数の用途地域にまたがって所在する土地に係る事例であり，当該土地に係る建ぺい率は100%，容積率は383%と認められる。しかしながら，本件土地に係る請求人鑑定書において使用された標準画地の建ぺい率は80%，容積率は600%であるところ，当該鑑定書は，地域要因格差の行政的条件の分析において，建ぺい率が100%，容積率が700%の取引事例（取引事例○，○，○，○および○）についてはプラス７ポイントの補正をしている一方，取引事例○についてはマイナス７ポイントしか補正をしておらず，この点で不合理である。

本件土地に係る請求人鑑定書には，取引事例比較法において採用している取引事例の採用等について合理性を欠く点が多く認められる。

以上のとおり，本件土地に係る請求人鑑定書は，合理性を欠く点が多く認められる。したがって，当該鑑定書による鑑定評価額は本件土地の時価を適切に示しているものとは認められない。

請求人は，原処分庁の評価は評価単位を所有者の別として無道路地としての評価をしておきながら，無道路地であることによる建築制限を適切に考慮しないという矛盾したものである旨主張する。しかしながら，上記のとおり，評価通達により算定される価額が時価を上回るなど，評価通達の定めによらないことが正当と認められる特別の事情がある場合を除き，財産の評価は評価通達に定められた評価方法に基づいて行うのが相当と解されるところ，本件土地に係る請求人鑑定書の鑑定評価額は本件土地の時価を適切に示しているものとは認められず，評価通達の定めによらないことが正当と認められる特別の事情は認められないことから，請求人の主張は採用できない。

また，この点はおくとしても，不動産の鑑定評価額については，不動産鑑定評価基準において，「不動産の価格は，その不動産の効用が最高度に発揮される可能性に最も富む使用（以下「最有効使用」という。）を前提として把握される価格を標準として形成される。この場合の最有効使用は，現実の社会経済情勢の下で客観的にみて，良識と通常の使用能力を持つ人による合理的かつ合法的な最高最善の使用方法に基づくものである。」旨定められていることからすると，本件土地は，請求人および請求人がその大部分の株式を保有している同族会社である○○社が所有する一団の土地であるから，本件土地をどのような形で利用するかについては専ら請求人の意思によって決定できるものであるところ，無道路地となる部分を発生させ，本件土地の経済価値をいたずらに低下させるような不自然な土地利用は通常考えられないから，請求人が主張する無道路地であることによる建築上の制約は，鑑定評価上考慮すべき事情には当たらず，この点を重視して大幅な補正をした本件土地に係る請求人鑑定書には合理性に欠ける点がある。したがって，このような不合理な本件土地に係る請求人鑑定書に基づく鑑定評価額を前提として，評価通達に基づく原処分庁の評価において本件土地の無道路地としての建築制限の考慮が適切でないとする請求人の主張は認めることができない。

コメント　審判所は請求人鑑定書について，下記のように指摘し，請求人鑑定書は合理性がないので，評価通達による価額が相当としている。

① 請求人鑑定書に採用された事例は地域格差が著しく比準するに当たらない。

② 競売事例を採用しているが，競売事例は特殊な事例にもかかわらず事情補正をしていない。

③ 事情補正を行った三つの事例について審判所がその根拠を質問したが，明確な解答が得られなかった。

④ 基準容積率（600%）と実効容積率（383%）の違いがあるにもかかわらず，事例の比較において基準容積率のまま比較検討しているのはおかしいではないか。

請求人の主張にあるように，本件土地のうち一部の土地が無道路地であるため，その減価率を△ 78%とし個別格差率を 22%としたと記載しているが，審判所は，「本件土地は○○社が所有する一団の土地で……請求人らの意思によって（どのような形に使うか）決定できるので，無道路地を発生させ経済価値を低下させ……不自然な土地利用は考えられない」とした上で，「鑑定評価上考慮すべき事情には当たらない」と論断している。これは注目すべきことと思料する。他の裁決事例でもこの論理はでてくるが，別の見方をすれば評価単位のとり方と考えられる。

相続税法上の評価単位の考え方は，不動産鑑定士といえども，相続税法上の土地の時価を求める限りにおいて注意すべきことと考える。

取引事例の地域格差の著しい事例を採用しているので取引事例としての規範性に欠けると審判所が指摘していることについて，実務上，地域格差が 100/70，100/130 を超える地域格差が生ずる取引事例は事例としては不適格なので通常は採用しないのが一般的である。地価公示や都道府県基準地の鑑定書においても同様である。取引事例の面積が過少であることについて，標準画地との類似性を著しく欠く事例を採用して比準しても信ぴょう性を欠くことになるので，基本的なことながら注意が必要である。

【25】7階建ての堅固な浴場・事務所兼共同住宅（賃貸マンション）の用に供している本件貸宅地（2,518.21㎡）（底地）の評価は，評価通達の定めに基づき評価した価額によることが相当であるとした事例

（東裁(諸)平23第225号・平成24年5月22日）

本件土地の概要 本件貸宅地について本件被相続人を賃貸人とし，Xを賃借人として下記の賃貸借契約が締結され，同契約に係る公正証書が作成された。

・賃貸借期間は昭和57年9月1日から満30年間とする。

・賃貸借の目的は堅固な建物の敷地としての使用である。

・賃料は1か月70万円とする。

・賃借人は賃借権の譲渡または賃借地の転貸をし，もしくは賃借権を担保に供しようとする場合，賃貸人の承諾を得なければならない。

請求人の主張 本件貸宅地の時価は，貸宅地鑑定額が1億2,985万5,000円（本件貸宅地と類似する近隣の貸宅地の取引事例を基に試算した取引事例比較法による比準価格1億2,985万5,000円と，収益価格1億1,000万円を関連付けて決定したものである）であること，および複数の不動産業者による本件貸宅地の買取り見積価額が8,000万円から1億9,000万円までであることを基に請求人鑑定士が査定した1億6,000万円であり，評価通達の定めに基づき評価した価額は，上記のとおり査定した時価を上回るから，評価通達の定めによらないことが正当と認められる特別の事情がある。

本件貸宅地の更地価格は，請求人鑑定士が作成した平成23年4月8日付の不動産鑑定評価書（以下,「請求人鑑定書①」という）における不動産鑑定評価額（以下,「請求人更地鑑定額」という）5億2,483万6,200円であり，請求人更地鑑定額（5億2,483万6,200円）から借地権価額（上記5億2,483万6,200円に借地権割合70%を乗じた金額）を控除して求めた本件貸宅地の価額である1億5,745万860円は，査定した金額である1億6,000万円とおおむね一致する。これは，1億6,000万円という金額が本件貸宅地の時価として相当であることを証明するものである。

＜請求人鑑定書①の要旨＞

項目＼区分	取引事例1	取引事例2	取引事例3	取引事例4	公示地
地　目	宅地（更地）	宅地（更地）	宅地（建付地）	宅地（建付地）	宅地（更地）
地　積	94.85㎡	51.54㎡	145.92㎡	62.14㎡	95㎡
取引時点	平成18年5月	平成18年3月	平成19年1月	平成18年12月	平成19年1月
取引価格	263,574円／㎡	362,319円／㎡	314,556円／㎡	297,715円／㎡	324,000円／㎡

＜原処分庁鑑定書の要旨――取引事例比較法＞

項目＼区分	取引事例1	取引事例2	取引事例3	取引事例4
地域の概況	戸建住宅，共同住宅，事務所等が混在する地域	マンション，事業所等が見られる地域	大規模マンション，商業施設が建築途中の地域	マンション，配送センター，事務所ビル等が混在する地域
地　目	宅地（更地）	宅地（建付地）	宅地（更地）	宅地（建付地）
地　積	約802㎡	約718㎡	1,489㎡	4,094㎡
取引時点	平成18年12月	平成19年12月	平成19年2月	平成19年3月
取引価格	336,839円／㎡	385,638円／㎡	423,211円／㎡	500,678円／㎡

原処分庁の主張　本件貸宅地については，評価通達の定めに基づき評価した価額が時価を上回る等の評価通達の定めによらないことが正当と認められる特別の事情があるとは認められない。

貸宅地の価額は，その貸宅地の自用地としての価額（借地権が設定されていないとした場合の価額）から借地権の価額を控除した金額によって評価するところ，評価通達の定めに基づき評価した本件貸宅地の自用地としての価額および借地権の価額は，次のとおりいずれも適正なものであるから，本件貸宅地については，評価通達の定めに基づき評価した価額が時価を上回る等の評価通達の定めによらないことが正当と認められる特別の事情があるとは認められない。

①　評価通達の定めに基づき評価した本件貸宅地の自用地としての価額は，本件A貸宅地が6億3,542万367円であるから，いずれも，原処分庁鑑定書の

更地価格（本件A貸宅地が7億3,600万円）を下回る。

② 上記の自用地としての価額から控除する借地権の価額は，その借地権の目的となっている自用地としての価額に，自用地としての価額に対する借地権の価額の割合がおおむね同一と認められる地域ごとに国税局長の定める借地権割合を乗じて計算した金額であるところ，当該割合は借地権の売買実例価額，精通者意見価格，地代の額等を基として定められていることから，当該借地権割合を基に評価する借地権の価額は適正なものである。

審判所の判断　原処分庁鑑定書は，本件貸宅地について，取引事例比較法による比準価格，収益還元法による収益価格および開発法による価格をそれぞれ試算した上で，本件貸宅地の最有効使用が分譲マンションの敷地であることに基づき，開発法による価格を重視し，比準価格および収益価格を参考にとどめて，更地価格の鑑定評価額を決定している。

原処分庁鑑定書が採用した各取引事例はいずれの条件も満たすものであり，また，採用した各取引事例に係る取引価格について事情補正，時点修正，地域要因および地域要因に基づく各補正等を適切に行って取引事例比較法による価格を試算しており，原処分庁鑑定書の判断過程に不合理な点は認められない。

開発法による試算価格は，本件貸宅地に分譲マンションを建築することを想定した上で，分譲価格については本件貸宅地の周辺のマンションの分譲事例等を基にして，また，建築費用等については標準的な分譲マンションの建築費用等を基にして，それぞれ的確に査定しており，原処分庁鑑定書の判断過程に不合理な点は認められない。

収益還元法による試算価格は，本件貸宅地に賃貸マンションを建築して賃貸することを想定して査定した賃料および敷金等の一時金の運用益等に基づく総収益から，当該賃貸マンションの維持管理費および公租公課等を考慮して査定した総費用を控除して，本件貸宅地および当該賃貸マンションに係る純収益を求め，次に，当該純収益から当該賃貸マンションに帰属する純収益を控除するなどして求めた本件貸宅地に帰属する純収益を還元利回りで還元して，本件貸宅地に係る収益還元法による価格を試算しており，原処分庁鑑定書の判断過程に不合理な点は認められない。

請求人は，①原処分庁鑑定書の取引事例比較法による試算価格は限定価格（借地権者が貸宅地の併合を目的とした場合における貸宅地の価格等）である，②原処分庁鑑定書が採用した各取引事例は住宅地に存する本件貸宅地とは異なり商業地に存するものである，③広大な土地は需要が限定され，宅地造成した標準的な広さの土地の５割程度でしか売れないという減価が生じている点が考慮されていないなどとして，原処分庁鑑定書は不合理である旨主張する。

しかしながら，そもそも，原処分庁鑑定書は本件貸宅地の更地価格を鑑定評価しているから，請求人の主張は前提を誤るものである。また，原処分庁鑑定書は，本件貸宅地の最有効使用をマンションの敷地と判定した上で，別表のとおり，本件貸宅地の周辺のマンションが存する地域の各取引事例と比較しているものであるし，同表の各取引事例は戸建住宅用地等の標準的な地積の宅地ではなく，本件貸宅地と同様に広大な地積の宅地であるから，本件貸宅地との比較において地積が広大であることによる減額の補正を行う必要はない。以上からすると，請求人の主張は採用できない。

請求人は，原処分庁鑑定書の収益還元法および開発法による価格は，想定の部分が多く適正でない旨主張する。しかしながら，原処分庁鑑定書は，収益還元法による価格の試算については，対象不動産が将来生み出すであろう純収益について，賃料の他に一時金の授受や維持管理費等も的確に考慮して査定しているし，また，開発法による価格の試算についても，本件貸宅地に建築するマンションの分譲価格等について，周辺の類似のマンションの分譲事例等から的確に査定しているから，請求人の主張は採用できない。

上記のとおり，原処分庁鑑定書の判断過程を検討しても，その合理性を疑わせる点は認められないから，本件貸宅地の更地価格は７億3,600万円であると認められる。

請求人は，本件貸宅地の時価は，請求人貸宅地鑑定額と不動産業者の買取り見積価額を基に査定した１億6,000万円であり，当該金額は，請求人更地鑑定額から，請求人更地鑑定額に借地権割合70％を乗じた金額を控除した価額とおおむね一致することから妥当である旨主張する。しかしながら，請求人主張額の根拠である請求人鑑定書①および請求人鑑定書②（略。以下，同じ）等は，いずれも合理性を欠くものであるから，請求人の主張は採用できない。

請求人鑑定書②は，各取引事例の取引価格はいずれも限定価格であるとした上で，正常な価格に補正するためとして，事情補正による約50％ないし約65％の減額を行っている（100/190ないし100/298の補正率を乗じている）。しかしながら，取引事例比較法の適用に当たっては，本件貸宅地と状況の類似する土地の取引価格を採用する必要があるところ，約50％ないし約65％もの減額の補正を行わなければならない土地は，そもそも状況の類似する土地とは認め難いから，請求人鑑定書②の取引事例比較法による試算価格は合理性を欠くものと認められる。

請求人鑑定書②には，実質純収益を貸宅地の取引利回りによって還元して収益価格を試算した旨の記載がある。しかしながら，そもそも，収益還元法の適用に当たっては不動産が将来生み出すであろう純収益を的確に把握する必要があり，また，不動産鑑定評価書にはその把握の過程を示す必要があるところ，請求人鑑定書②にはその過程が何ら示されていないから，請求人鑑定書②の収益還元法による価格は合理性を欠くものと認められる。

請求人は，本件貸宅地についての不動産業者の買取り見積価額を本件貸宅地の時価を査定する際の根拠としている。しかしながら，そもそも，買取り見積価額とは買手の買取り希望価額にすぎないから，これをもって本件貸宅地の時価を査定することは相当でない。

取引事例比較法による試算価格については，請求人鑑定書①は，地積が約50㎡から約150㎡までの戸建住宅用地の取引事例に係る取引価格を採用して，取引事例比較法による価格を試算している。しかしながら，そもそも，取引事例比較法の適用に当たっては，本件貸宅地と状況の類似する土地の取引価格を採用する必要があるところ，当該各取引事例は本件貸宅地に比して著しく地積が小さく，本件貸宅地と状況の類似する土地とは認め難いから，請求人鑑定書①の取引事例比較法による試算価格は合理性を欠くものと認められる。

開発法による試算価格については，請求人鑑定書①は，本件貸宅地を戸建住宅用地に開発して分譲することを想定して開発法による価格を試算しているところ，当該戸建住宅用地の分譲価額を23万1,000円／㎡と査定している。しかしながら，戸建住宅用地に開発して分譲することを想定する場合の開発法の適用については，分譲する戸建住宅用地の分譲価格を的確に査定する必要があるところ，本件貸宅地の近隣に位置する地価公示地の平成19年の地価公示価格は32万4,000円／㎡であり，上記の分譲価額23万1,000円／㎡はこれに比して著しく低い価額であると認められるから，請求人鑑定書①の開発法による試算価格は合理性を欠くものと認められる。

上記のとおり，原処分庁鑑定書による本件貸宅地の更地価格は適正なものであると認められるところ，評価通達25に定める借地権価額控除方式とあり，本件貸宅地の存する地域の借地権割合70％は複数の不動産鑑定士等の意見を基に適正に定められていると認められる。そこで，原処分庁鑑定書による本件貸宅地の更地価格（自用地としての価額と同額と解される）および上記の借地権割合を基にして，本件貸宅地の価額を借地権価額控除方式により計算してみると，本件貸宅地については2億2,080万円となり，このことに照らしても，請求人の主張する本件貸宅地の時価は合理性を欠くものであると認められる。

以上のとおりであるから，評価通達の定めに基づき評価した価額が時価を上回るとする請求人の主張には理由がなく，本件貸宅地について，評価通達の定めによらないことが正当と認められる特別の事情はない。したがって，本件貸宅地の価額は，評価通達の定めに基づき評価した価額によることが相当である。

コメント 請求人は，本件貸宅地の時価は請求人鑑定書②による貸宅地鑑定額（1億2,985万5,000円）や請求人鑑定書①における請求人更地鑑定額（5億2,483万6,200円）から借地権価額（更地価額×70%）を控除した貸宅地の価額（1億5,745万860円），さらに不動産業者の買取り見積価額を基に算定した貸宅地価額（1億6,000万円）であると主張する。

しかし，請求人鑑定書②は取引事例比較法において事情補正が約50%ないし約65％の事情補正による減額を行っている（100/190ないし100/298の補正率を乗じている）。このような事例は状況の類似する土地の事例とは認められず，試算価格は合理性を欠くと審判所は判断した。また，収益還元法による試算価格においては純収益を的確に把握していないということで収益還元法による価格は合理性を欠くと審判所は判断した。

事情補正について，東京国税局課税第一部の資産税審理研修資料によれば下記の通りである。

「【検討4-7】事情補正の検討

①事情補正は適正に行われているか。

☞土地取引に特殊な事情があっても，その内容は不明なことが多いから事情補正を行う必要があると認められる取引事例は極力採用しない傾向にある。

☞事情補正が不適切な使われ方（例：取引価格を低くするために，事情補正の必要がないにもかかわらず行っているなど。）をしていないか注意する必要がある。」

実務上どのような事情があったのかは分からないが，100/190ないし100/298の事情補正は事例として採用するのが如何なものかと思う。鑑定評価書の信頼度がなくなる危険性がある。

不動産業者の買取り見積価額を基に算定した貸宅地価額は，買い手の買取り希望価額にすぎないと審判所は断定した。仮に本件貸地を不動産業者が買い取ったら，将来的に転売する可能性があるわけで，不動産業者としては転売利益を見込んで土地を仕入れることになる。買取り見積価額は時価とはいえないという判断は的を得ていると思う。相続税法第22条《評価の原則》は，相続により取得した財産の価額は，その取得の時の時価による旨規定し，相続開始時におけるその土地の客観的な交換価値を上回るような特別の事情がない限り，評価通達に基づき評価した相続税評価額をもって時価とすることになっている。

請求人鑑定書①については，取引事例比較法において採用した事例の地積が50㎡から約150㎡と本件貸宅地の地積（2,518.21㎡）に比べて小さすぎて，本件貸宅地の地積と状況が類似した土地の取引事例ではないため，請求人鑑定書①の取引事例比較法による試算価格は合理性を欠くと審判所は指摘している。その点，原処分庁鑑定書は地積700㎡から約1,500㎡の土地を採用している。このように，適正な規模の取引事例はあるので，請求人鑑定書においても努力して対象地と類似する取引事例を採用すべきである。

したがって，請求人の主張は採用されなかった。本件は，7階建ての堅固な浴場・事務所兼共同住宅（賃貸マンション）の用に供している貸宅地なので，不動産鑑定により底地の価額を割合方式（更地価格に底地割合を乗じて底地価額を求める方法）と収益還元法による収益価額を併用して鑑定価額を求める方法を採用してもよさそうに思われるが，多数の借地権者が存在するのではなく，借地権は建物と一体となっているが借地権と底地とが併合される可能性は低いとはいえず，また，当分の間，名義変更料・建替承諾料等の授受の可能性もないとはいえないので，更地価格から借地権価額を控除した残余の部分を底地価額とする方法が有力と考えられる。

【26】本件土地の価格は，特別の事情があるので，評価通達に基づく価格ではなく，審判所が算出した価額が相当とした事例

（平成 14 年 7 月 22 日裁決・公開）

本件土地の概要 本件土地の面積は 1 万 1,224.53 ㎡で，最寄り駅から 1.5km に位置する。周辺の状況は，中高層の共同住宅，商業ビル，店舗，学校等が混在する地域である。前面道路は，西側幅員 33m 道路，東側幅員 5 m 道路，北側幅員 2 m 道路の三方路に面している。容積率は道路より 30m 以内が 400％，30m を超える部分が 200％である。

請求人の主張 原処分は，次の理由により違法であるから，本件更正の請求を超える部分の取消しを求める。

原処分庁は，路線価に基づき本件土地の評価額を 1 ㎡当たり 43 万 3,773 円と算定しているが，当該評価額は，本件土地の時価とかい離していると認められることから，本件土地の価額は本件鑑定評価書を基に算定すべきである。

具体的には，本件鑑定評価書に記載された標準画地の 1 ㎡当たりの比準価格 48 万 1,000 円に，個別的要因として，評価通達 24-4《広大地の評価》の定めによって計算した数値（以下，「広大地補正率」という）を適用すべきであり，本件土地を戸建宅地開発した場合の公益敷地の当該土地に占める割合は約 44％となることから，標準画地の 1 ㎡当たりの比準価格 48 万 1,000 円に広大地補正率 0.56（＝ 1 － 0.44）を乗じた価額 26 万 9,360 円で評価することが相当である。

原処分庁の主張 次のとおり請求人の主張には理由がなく，本件再更正処分は適法であるから，本件審査請求を棄却するとの裁決を求める。

本件土地の容積率は，○○通りから 30m 以内が 400％，30m を超える部分が 200％となっていること，および本件土地の周辺には大中規模の中高層共同住宅が点在し，本件土地も 1 万 1,200 ㎡超とまとまった面積を有していることから，本件土地の最有効使用は中高層の耐火共同住宅の敷地と認められる。

請求人は，戸建宅地開発を前提に広大地補正率 0.56 を適用すべきである旨主張するが，本件土地の最有効使用は，中高層の耐火共同住宅の敷地と認められるので，戸建宅地開発を前提にしている請求人の主張は採用できない。

一方，評価通達の定めを適用して本件土地の価額を算出すると，1 ㎡当たり 43

万3,773円となり，この価額は，上記の試算した価額を下回っているから，評価通達に基づいて本件土地を評価することが相当である。

審判所の判断 請求人は，本件土地の価額について，本件鑑定評価書に記載された標準画地の1㎡当たりの比準価格48万1,000円に広大地補正率0.56を乗じた価額26万9,360円で評価すべきである旨主張するので，当該金額が相続税法第22条に規定する時価として認められるか否か，および原処分庁の主張する本件土地の試算価額が相当であるか否かについて，以下検討する。

本件鑑定評価書では，取引事例比較法に基づき，標準画地の価格について，本件各取引事例に係る取引価格を基に個別的要因および地域要因を比較し，1㎡当たり48万1,000円と算定しているが，本件鑑定評価書における公示価格等を規準とした価格をみると，本件公示価格を規準とした標準画地規準価格は1㎡当たり60万4,000円，また基準地の平成6年7月1日時点の標準価格を基とした標準画地規準価格は1㎡当たり55万8,000円としていることからすると，取引事例比較法に基づく標準画地の比準価格48万1,000円は，これら二つの標準画地規準価格と明らかにかい離し，公示価格等を規準とした価格と均衡が保たれていないと認められるので，当該比準価格は，本件相続開始日における本件土地の時価を算定する上で基とすべき価格として採用することは相当でない。また，請求人は，本件土地の地積は広大であるから，広大地補正率0.56を適用すべきである旨主張するが，本件土地の周辺の状況は，中高層の共同住宅，商業ビル，店舗，学校等が混在する地域であることからして，本件土地の最有効使用は中高層のマンション用敷地と認められるので，戸建宅地開発分譲を前提として算定した当該広大地補正率を適用するのは相当でない。したがって，この点に関する請求人の主張は採用することができない。

原処分庁は，本件土地の価額の算定に当たり，比準すべき適切な取引事例は見当たらないとした上で，本件公示地を基に，土地価格比準表により地域要因および個別的要因の格差補正を行って，本件土地の1㎡当たりの価額を47万円と試算している。原処分庁は，地域要因の比較において，本件公示地の将来の動向としてマイナス2ポイントとしているが，本件土地と本件公示地は，同じ○○通りに面しており，双方の周辺の状況等から判断して格差があるとは認められないことから，原処分庁が試算した地域要因の格差率は相当であるとは認められない。

また，原処分庁は，個別的要因の比較において，地積が過大であるとしてマイナス８ポイントとしているが，本件土地の地積は１万1,224.53㎡であり，本件土地の近隣地域における標準的な画地の地積1,500㎡と比較して大規模な画地であること，さらに，本件土地の奥行距離は平均で約72mあり，標準的な画地の奥行距離30mと比較して劣っていると認められる。これらの要因からすると，マイナス８ポイントよりもその減価率は大きいと判断されることから，原処分庁が試算した個別的要因の格差率は相当であるとは認められない。

本件土地に係る請求人の主張する価額および原処分庁の主張する試算価額は，いずれも，相続税法第22条に規定する時価として採用することはできないので，当審判所において本件土地の時価を検討したところ，次のとおりである。

① 当審判所の調査の結果によれば，平成６年に本件土地の近隣地域に土地の取引事例が１地点存在する（以下，この取引事例を「取引事例Ａ」という）。

② 標準画地の１㎡当たりの試算価格の算定に当たっては，取引事例Ａは本件土地とほぼ同一の状況にあることから時点修正のみの補正で足り，また，本件公示地については最寄り駅への接近性による格差の補正で試算価格を算定することができ，その試算価格は，それぞれ62万7,120円および60万4,210円となり，これらの価額は均衡がとれていることから，本件土地の標準画地の１㎡当たりの価額は，これらの価額の中庸値である61万5,000円を採るのが相当である。

③ 本件土地は，その近隣地域の標準画地と比較して，(イ)三方路による増価要因があること，(ロ)地積過大，奥行逓減および不整形地による減価要因があること，および(ハ)標準画地の容積率が400％であるのに対し，本件土地の容積率は○○通りから30m超が200％となっていることによる行政的条件の減価要因が認められることから，これらの要因について格差補正を行って本件土地の価額を算定すると，１㎡当たり40万8,360円となり，当該価額に本件土地の地積を乗じた45億8,364万9,070円が本件土地の時価と認められる。

④ 以上の結果，原処分庁が評価通達に基づいて評価した価額は，本件土地の本件相続開始日における時価を超えているものと認められることから，原処分庁が評価した当該価額は採用することはできず，本件土地の価額は45億8,364万9,070円とすることが相当である。

＜本件土地の価額（審判所）＞

＜本件土地の標準画地の1㎡当たりの価額＞

取引事例等	取引価格	事情補正	時点修正	標準化補正	地域格差	標準画地の1㎡当たりの試算価格
取引事例A	670,000円/㎡	$\times\frac{100}{100}$	$\times\frac{93.6}{100}$（注）	$\times\frac{100}{100}$	$\times\frac{100}{100}$	627,120円/㎡
本件公示地	574,000円/㎡	$\times\frac{100}{100}$	$\times\frac{100}{100}$	$\times\frac{100}{100}$	$\times\frac{100}{95}$ 交通接近条件－5	604,210円/㎡
標準画地の価額	615,000円/㎡	各試算価格の平均値をもって決定した。				

（注） 時点修正率は，本件公示地の①平成6年1月1日および②平成7年1月1日の公示価格を基に計算した。

〔取引事例A〕 $1-\left(1-\frac{②\ 574,000円}{①\ 627,000円}\right)\times\frac{9}{12}\fallingdotseq\frac{93.6}{100}$

＜本件土地の価額＞

① 標準画地の価額	② 個別格差	③ 本件土地の価額	④ 本件土地の地積	⑤ 本件土地の価額(③×④)
615,000円/㎡	$\times\frac{66.4}{100}$	408,360円/㎡	11,224.53㎡	4,583,649,070円

（注） 個別格差の内訳

- 画地条件　三方路+2　〔1.02〕
  - 規模-16　〔0.84〕
  - 形状-3　〔0.97〕
  - （相乗積）　〔0.83〕
- 行政的条件　容積率-20　〔0.80〕
- 各条件ごとの格差率の相乗積〔0.664〕

＜本件鑑定評価書の概要＞

＜公示価格を規準とした価格＞

公示地	番　号	所　在　地	価格時点	地　積	街路条件 交通接近条件	用途地域 （建ぺい率：容積率）
	○○－○	○○市○○町 ○○番○	平成7年1月	233㎡	西35m道路 ○○線 ○駅2.3km	準工業地域 （60%：400%）

規準価格	公示価格	時点修正	標準化補正	地域格差	標準画地規準価格	個別格差率	規準価格
	574,000円/㎡	$\times\frac{100}{100}$	$\times\frac{100}{100}$	$\times\frac{100}{95}$	604,000円/㎡	$\times\frac{81}{100}$	489,000円/㎡

＜標準価格を規準とした価格＞

	番　号	所　在　地	価格時点	地　積	街路条件 交通接近条件	用途地域 (建ぺい率：容積率)
基準地	○○－○	○○市○○町 ○○番○	平成6年7月	306㎡	東20m道路 ○○線 ○駅 1.7km	近隣商業地域 (80%：300%)

	標準価格	時点修正	標準化補正	地域格差	標準画地規準価格	個別格差率	規準価格
規準価格	523,000円/㎡	$\times\frac{96}{100}$	$\times\frac{100}{100}$	$\times\frac{100}{90}$	558,000円/㎡	$\times\frac{81}{100}$	452,000円/㎡

(注1)　公示価格等を規準とした価格は，上記の各規準価格の平均値47万1,000円/㎡とした。

(注2)　本件土地にマンションを建築して分譲するとした場合の採算土地価格を，分譲事例を基に1㎡当たり34万8,000円と算定した。

(注3)　以上により，(イ)取引事例比較法に基づく比準価格（39万円/㎡），(ロ)公示価格等を規準とした価格（47万1,000円/㎡），(ハ)マンション分譲価格からの採算土地価格（34万8,000円/㎡）が求められたが，このうち，(イ)の比準価格は，「土地価格比準表」の混在住宅地域に基づき，地域要因，個別的要因の比較を行って，突出した試算価格を除外して平均値を採用しており，移行後の用途に基づいた取引価格の仲値レベルを求めている。一方，(ハ)のマンション分譲価格からの採算土地価格は，開発に当たって原則として既存の公共公益施設の許容範囲で計画をしなければならず，具体的協議の間に想定条件が大きく変わる懸念がある。また，(ロ)の公示価格等を規準として求めた価格は，標準画地の比準価格の水準にあり，標準地233㎡，基準地306㎡と標準画地の捉え方の影響が大きい。よって，価格時点における，市場環境，需給動向，マンション分譲価格からの採算土地価格，公示価格等を総合的に考慮して，比準価格を中心に鑑定評価額を1㎡当たり37万1,000円，総額41億6,000万円と決定した。なお，ここで求めた比準価格1㎡当たり39万円，総額43億8,000万円は相続税法上の「時価」に当るものである。

コメント　本件土地は1万1,224.53㎡という規模の大きな宅地である。請求人は当初60億1,686万6,985円の評価で申告していたが，時価鑑定（43億円）により更正の請求を行い，結果として本件土地の時価は45億8,364万9,070円となった。

請求人は本件鑑定評価書に記載された標準画地の1㎡当りの比準価格（48万1,000円）に広大地補正率を乗じた価格（26万9,360円）に面積を乗じた価額（30億2,343万9,400円）で評価すべきだと主張する。原処分庁は，本件土地は中高層の共同住宅が最有効使用なので評価通達による本件土地の価額は48億6,890万9,163円であると主張する。しかしながら，審判所は双方が主張する価額はいずれも相続税法第22条に規定する時価として採用できないと判断し，当審判所が取引事例および公示地により求めた価額（45億8,364万9,070円）は原処分庁が評価通達により求めた価額を下廻る。したがって，原処分庁の評価した価額は時価を超えていると認められるので，本件土地の時価は45億8,364万9,070円とすることが相当であると判断した。

【27】使用借権は賃貸借契約に基づく権利に比べて権利性が極めて低く，土地の時価に影響を与えるものではないとした事例

（沖裁(諸)平18第5号・平成19年3月28日）

（本件土地の概要） 本件土地は面積205.78㎡で，借地人が所有する建物の敷地として利用されており，使用貸借により貸し付けられていた。

（請求人の主張） 原処分は次の理由により違法であるから，その全部の取消しを求める。

① 本件鑑定評価における土地の相続税法第22条に規定する時価は請求人鑑定評価額（275万7,000円）であり，原処分庁の評価額は時価を超えており違法である。

② 請求人鑑定評価額は，取引事例比較法，土地残余法に基づく収益価格，規準価格，個別格差補正および個別的要因，特殊性等の検討を加えた適正な不動産鑑定評価に基づくものであり，相続税法第22条に規定する時価といえる。

（原処分庁の主張） 原処分は，次の理由により適法であるので本件審査請求を棄却するとの裁決を求める。

評価通達は合理性を有していることから，評価通達により難い特別の事情または評価通達に基づいて評価した価額が時価を超えていると認められる場合を除き，特定の納税者についてのみ評価通達に定める方式以外の方式によって評価することは，納税者の実質的負担の公平を欠くこととなり許されないというべきである。本件土地は，評価通達により難い特別の事情は認められない。

（審判所の判断） 請求人鑑定評価額は，本件土地について使用借権が付着していることから，個別格差補正として使用借権の付着に伴う減価10%を行っている。しかしながら，使用借権は，賃貸借契約に基づく権利に比し権利性が極めて低い上，親族間の情誼や信頼関係に基づく土地の無償使用関係であり，これに独立した経済的価値を認めることはできず，また，土地の時価に影響を与えるものということもできないと解されている。したがって，本件土地について，使用借権が付着していることによる減価を行ったことは相当とは認められない。以上のとおり，請求人鑑定評価額が相続税法第22条に規定する時価であるとの請求人の主張には理由がない。

＜請求人鑑定評価額算定の概要＞

項　目	金　額	算定根拠等
更地価格	13,400 円 / ㎡	(標準画地価格)(注 1)　　(個別格差補正)(注 2) 67,100 円 / ㎡　×　20/100 = 13,400 円 / ㎡
鑑定評価額	2,757,000 円	13,400 円 / ㎡ × 205.78 ㎡ ≒ 2,757,000 円

(注 1)　標準画地価格は，比準価格の算定に当たり採用した取引事例の取引価格に，事情補正，時点修正，標準化補正および地域格差補正までを行って算定した価格の中庸値である。

(注 2)　個別格差補正の減価の内訳は，無道路地であることに伴う減価 70% および使用借権の付着に伴う減価 10% である。

＜評価通達に基づく原処分庁評価額算定の概要＞

評価額	評価額の計算明細
9,475,757 円	(正面路線価)　(奥行価格補正率) 75,000 円 / ㎡　×　0.99　=　74,250 円 / ㎡ (間口距離 2.0m，奥行距離 24.0m) 　(不整形地補正率) 74,250 円 / ㎡ ×　0.63　≒ 46,777 円 / ㎡ (想定整形地の間口距離)(想定整形地の奥行距離) 24.0m　×　24.0m　= 576.0 ㎡ (576.0 ㎡ − 205.78 ㎡) ÷ 576.0 ㎡ ≒ 0.6427 ＜普通住宅地区・地積区分 A：0.70 ＞ (不整形補正率表の補正率)(間口狭小補正率) 0.70　×　0.90　= 0.63…① (奥行長大補正率)　(間口狭小補正率) 0.90　×　0.90　= 0.81…② ①，②のいずれか低い率を採用 (0.6 を限度とする) ⇒ 0.63 46,777 円 / ㎡ × (1 − 0.01558) ≒ 46,048 円 / ㎡ (正面路線価)(通路部分の地積)　　(評価対象地の地積) {75,000 円 / ㎡ ×　2.0 ㎡　} ÷ {46,777 円 / ㎡ ×　205.78 ㎡　} ≒ 0.015583 46,048 円 / ㎡ × 205.78 ㎡ ≒ 9,475,757 円

原処分庁は，評価通達に基づき 947 万 5,757 円と算定している。

本件土地について評価通達により難い特別の事情は認められず，評価通達に定める評価方法は合理的と解されていることからすれば，評価通達に基づき評価するのが相当である。したがって，評価通達の定めに基づく原処分庁の評価方法に何ら不都合は認められないことから，原処分庁評価額は相当である。

コメント 審判所は，「使用借権は，賃貸借契約に基づく権利に比し権利性が極めて低い上，親族間の情誼や信頼関係に基づく土地の無償使用関係であり，これに独立した経済的価値を認めることはできない」として土地の価格の減価を認めなかった。

本件においては，請求人鑑定評価額は使用貸借の付着による減価を 10% 認定しているが，その根拠は甚だ難しい一面があり，相続税法上では使用借権の価値は認めていないケースがほとんどではないだろうか。

土地の使用借権に関する判例等では，使用借権の価値を認めているものがある。

- 最高裁第三小法廷平成 6 年 10 月 11 日判決…使用借権の価値を更地価格の 5%と認定
- 東京地裁平成 15 年 11 月 17 日判決…使用借権の価値を更地価格の 15%と認定

不動産鑑定評価基準では，使用借権については触れていない。

なお，損失補償基準では使用借権の価値を認めている。

【28】隣接宅地および本件私道の各共有持分に暴力団関係者の登記名義があるからといって，時価は相続税評価額を下回るかが争われた事例

（広裁(諸)平20第33号・平成21年6月25日）

本件土地の概要 本件宅地（地積119.43㎡）は，間口約10m，奥行約12mのほぼ長方形の土地である。また，本件宅地は，幅員4mの通り抜け可能な私道（以下，「本件私道」という）に接している。

本件宅地の西側に隣接する宅地（以下，「隣接宅地」という）および本件私道の各共有持分について，暴力団関係者が昭和60年に売買を原因とする共有持分移転登記を経由している。なお，当該暴力団関係者は20年以上前に死亡しているが，本件相続の開始時において，隣接宅地および本件私道の各共有持分については，いずれも当該暴力団関係者の登記名義のままである。

請求人の主張 本件宅地の時価は，本件宅地の特性を適正に反映した請求人鑑定評価額1,560万円となる。

原処分庁の主張 本件宅地については，評価通達に基づく価額（以下，「相続税評価額」という）が本件相続の開始時における時価を超えているという特別の事情があるため，その時価は原処分庁鑑定評価額3,100万円となる。

また，原処分庁鑑定評価に不合理な点は認められず，請求人鑑定評価については合理性を欠く点がある。

審判所の判断 原処分関係資料および当審判所の調査によれば，次の事実が認められる。

① 本件宅地は，間口距離約10m，奥行距離約12mで，本件私道のみに接し，他の道路に接していない画地であり，その形状はほぼ長方形である。

② 当審判所が算定した本件宅地の相続税評価額は3,133万2,460円となる。

③ 原処分庁鑑定評価は，標準価格の算定過程において，上記の隣接宅地および本件私道の各共有持分について暴力団関係者が登記名義を有している事実（以下，「本件登記に係る要因」という）を地域格差ととらえ，環境条件における周辺状況として，100分の5程度を考慮して原処分庁鑑定評価額を決定し

ている。

上記のとおり，本件宅地の相続税評価額は3,133万2,460円であるところ，本件宅地に係る請求人鑑定評価額および原処分庁鑑定評価額のいずれの価額も相続税評価額を下回るものであるから，まず，請求人鑑定評価および原処分庁鑑定評価の合理性について検討した上で，本件宅地の時価を検討する。

請求人鑑定評価は，本件宅地とは別の地域に存する本件標準画地を近隣地域の標準画地として価格形成要因の比較を行うなど，近隣地域の範囲の判定および近隣地域の標準画地の設定に問題があり，標準画地比準方式の適用の手順に即していないばかりか，土地価格比準表の定めにも準拠していないと認められるから，請求人鑑定評価は合理性を欠くものと認められる。

請求人鑑定評価は，本件標準画地と本件宅地の個別格差率（100分の34）の算定に当たり，本件登記に係る要因を個別的要因のその他の条件の近隣対策費として，その減価率を100分の30と算定している。しかしながら，請求人鑑定評価が近隣対策費としての減価率を100分の30と算定したことは，以下に述べるとおり，合理性を欠く点が認められるから，これを採用することはできない。

請求人鑑定評価において市場性の観点から参考としたとする東京地方裁判所平成7年8月29日判決（平成5年(ワ)第19025号，損害賠償等請求事件）は，小規模店舗，事業所，低層共同住宅等が点在する地域に所在の土地の売買につき，マンション建築を目的とした買主が当該土地と交差点を隔てた対角線位置に暴力団事務所が存在することを知らなかった場合において，当該暴力団事務所の存在が当該土地の利用に支障が生じているとして，当該土地に係る売買価額について100分の20の減価率を相当と認めたものであるところ，請求人は，本件登記に係る要因による減価率は上記裁判例で認められた減価率より大きいと思料される旨主張する。しかしながら，本件登記に係る要因に起因する不安，すなわち，暴力団関係者からの不当要求発生の不安および暴力団事務所の建物が建つ可能性があるという不安は，いずれも心理的要因であると認められるところ，本件における状況が，(イ)登記名義人である暴力団関係者の死亡後の時の経過によって心理的要因による減価の程度が逓減していくと考えられること，(ロ)隣接宅地には建物が存在せず，心理的な影響の程度が僅少であると考えられること，(ハ)本件宅地は繁華街の地域に存し，その標準的使用は店舗用地であって居住目的の需要があるとは考えられず，隣接宅地に建物が建築されるとしても，常時人が居住するという状況は考えられないこと，㈡繁華街における地域の特性として，不当な妨害等の危険性が地価形成にある程度反映されていると考えられることからすれば，交差点を隔てた対角線位置に現に暴力団の建物が存し，売買対象物件も賃貸用のマンション用地であるという上記裁判例における状況とは全く異なるものといえるから，この心理的要因による減価率は，上記裁判例における減価率との比較において，100分の20より小さくなるものと考えられる。したがって，請求人鑑定評価が，市場性の観点からの減価率を100分の30と算定したことに合理性は認められない。

以上のとおり，請求人鑑定評価には合理性を欠く点が認められ，請求人鑑定評価額は本件宅地の時価を示すものとは認められないから，これを採用することはできない。

原処分庁鑑定評価は，本件宅地の近隣地域の範囲を，○○の街区のうち，本件私道沿いの地域と判定し，本件私道のみに接する間口10m，奥行12m，規模120㎡程度の長方形地を標準画地と設定している。取引事例比較法の適用に当たっては，同一需給圏内の類似地域における4つの取引事例を採用し，各取引事例地の取引価格にそれぞれ事情補正および時点修正を行って本件相続の開始時における各取引事例地の正常な価格を求め，この価格に標準化補正をそれぞれ行って各類似地域の標準画地の価格を求め，次に，各類似地域の標準画地と近隣地域の標準画地との地域要因の比較をそれぞれ行って各地域格差率を求め，各類似地域の標準画地の価格に各地域格差率を乗じて近隣地域の標準画地の基となる価格を求め，これらの価格と近傍の公示地の公示価格を規準として算定した1㎡当たりの価格26万1,000円との均衡を十分に考慮して，近隣地域の標準画地の価格を1㎡当たり26万5,000円と算定し，この標準画地の価格に本件宅地と近隣地域の標準画地との個別的要因の比較を行って求めた格差修正率（100分の100）を乗じて，本件宅地の1㎡当たりの比準価格を26万5,000円と算定し，これに地積119.43㎡を乗じて本件宅地の比準価格を3,160万円と算定している。そして，本件宅地に賃貸建物を想定して土地に帰属する純収益を還元利回りで還元して，収益還元法による収益価格を3,030万円（1㎡当たり25万4,000円）と算定し，比準価格と収益価格のほぼ中間の価額をもって原処分庁鑑定評価額を3,100万円（1㎡当たり26万円）と決定している。

原処分庁鑑定評価は，本件宅地の近隣地域の範囲を，○○の街区のうち，本件私道沿いの地域と判定し，本件私道のみに接する宅地を標準画地に設定しているところ，原処分庁鑑定評価の近隣地域の範囲の判定は，土地価格比準表の定め（地域の類似性および価格水準）に照らし，合理性が認められるものであり，また，標準画地の設定も合理的になされているものと認められる。

上記のとおり，原処分庁鑑定評価では，取引事例比較法による比準価格の算定過程において，本件登記に係る要因を地域格差の環境条件として考慮しているところ，本件登記に係る要因は本件私道に接するすべての宅地に影響を及ぼすものと認められるから，これを近隣地域と類似地域の格差要因とみて地域格差の補正を行うことは，当審判所においても相当と認められる。そして，原処分庁鑑定評価においては，本件登記に係る要因による減価率について，心理的要因により市場性に劣るとして100分の5程度と見積もっているところ，過去の本件私道沿いの宅地の売買や本件私道沿いの宅地上の建物の取壊工事に際して，暴力団関係者からの不当要求などが存した事実は確認できないことに加え，上記(イ)から(ニ)までの事情が存する本件にあっては，本件宅地が心理的要因により市場性に劣るとしても，交差点を隔てた対角線位置に現に暴力団の建物が存し，売買対象物件も賃貸用のマンション用地であり，実際に売買された後の売買価額から100分の20の減価が相当であるとした上記裁判例における状況とは全く異なるものといえるから，原処分庁鑑定評価がこの心理的要因による減価の程度を100分の5程度と見積もったことは，当審判所においても相当と認められる。

以上のとおり，原処分庁鑑定評価は合理的であると認められ，原処分庁鑑定評価額は本件宅地の相続税評価額を下回るから，本件宅地の時価は原処分庁鑑定評価額3,100万円となる。これを基に請求人らの課税価格を算定すると，本件各更正処分の金額といずれも同額となるから，本件各更正処分は適法である。

コメント　相続人鑑定評価額1,560万円と原処分庁および審判所の判断した時価3,100万円との間に倍の開きがある。この原因は，「現実的かつ具体的な要因ではなく心理的要因である」，すなわち心理的瑕疵に該当するという。

しかし，本件土地を相続し，売却しようとした場合，実測取引となれば隣接土地および共有持分の私道の境界立会いおよび捺印（実印）が必要になるけれども，隣接土地および共有持分の私道の名義は当該暴力団関係者の登記名義のままなら，どう処理するのであろうか。実務上実害が生じ，本件土地への影響がないとはいえない。理屈は通っているのだが，上記価額では高すぎると思う。

しかし，心理的瑕疵物件の判例を見てみると，下記のように減価率は低いものが多いのも事実で，立証する難しさを感じる。

＜住宅地の土地の売買において，契約締結当時真向かいの建物が暴力団事務所で，組員が常駐していたが，外観上明らかでなく，売主および媒介業者がその事実を知らず，告知しなかったところ，その後同事実が判明した事案において，売主に対し，9%の損害賠償を命じ，その責任を否定した事例＞（東京地判平成 11 年 6 月 15 日確定・判例集未登載）

【29】本件土地は無道路地であり，市の開発基準では１本の道路を開設する行き止まり型開発と２本の道路を開発する通り抜け型開発が可能だが，２本より１本の方が開発費用が低くなるにもかかわらず，請求人依頼の鑑定評価額は２本の道路により開発する通り抜け型を想定して補正するのは合理性がないとした事例

（東裁（諸）平成 23 第 176 号・平成 24 年 3 月 6 日）

本件土地の概要

本件土地（2,680㎡）は，台形状のほぼ平坦な林地であり，○○駅の南西約 1,300m に所在する。本件土地は無道路地であり，最寄りの道路は，本件土地の北東部分から約 15m 北東方向に位置する幅員約 4 m の舗装された市道（以下，「本件市道」という）である。

請求人の主張

原処分庁が本件土地の時価である旨主張する原処分庁鑑定評価額は，以下のとおり合理性がない。

本件土地は戸建住宅用地として開発することが最有効使用であるが，取引事例 3 および取引事例 4 は開発が禁止されている市街化調整区域に所在し，また，取引事例 5 は住宅の建築が禁止されている工業専用地域に所在するから，採用する取引事例が適切でない。

無道路地である本件土地の開発については，売れ残りリスクを考慮すると，本件市道から本件土地に対して道路を 2 本開設し，当該開設する道路が袋地状の行き止まりとならないようにする通り抜け型開発（以下，「通り抜け型開発」という）が現実に即しているが，原処分庁鑑定書の開発法は道路を 1 本しか開設しない行き止まり型開発（以下，「行き止まり型開発」という）を想定している。開発法における投下資本収益率について，一般的な数値（年利 12%）を用いているが，開設する道路用地の買収や本件土地区画整理事業の進捗等に係る不確定要素が加味されていない不合理なものである。

仮に土地区画整理事業に基づく価格を用いるとしても，原処分庁鑑定書は平成 28 年前後には本件土地を含む近隣の地域の宅地化が完了するとして，割引期間を 8 年とした上で，年利 6% で割り引いているが，本件土地に係る仮換地の存する街区の土地区画整理事業の開始は平成 29 年度からの予定であるから，本件土

＜原処分庁鑑定書の要旨＞

本件土地の近隣地域の標準的画地の価格を求め，その後，本件土地の個別要因に係る補正を行い，取引事例比較法による価格を試算した。

なお，当該標準的画地は，幅員3.1mの市道にほぼ等高に接面する間口25m，奥行40mの1,000㎡程度の画地を想定した。

区分項目		取引事例1	取引事例2	取引事例3	取引事例4	取引事例5	公示地
地　目		宅地見込地	宅地見込地	宅地見込地	宅地見込地	工場用地	畑
地　積		2,775㎡	1,132㎡	3,163㎡	1,106㎡	1,976㎡	1,519㎡
取引時点		平成19年8月	平成19年8月	平成21年1月	平成20年9月	平成19年10月	平成20年1月
取引価格①		36,036円/㎡	40,548円/㎡	25,712円/㎡	33,436円/㎡	30,318円/㎡	44,200円/㎡
接面道路幅員等		南東5m	北西7.2m	西9m 南5m	無道路地	無道路地	—
形　状		ほぼ長方形	長方形	台　形	ほぼ長方形	長方形	不整形
最寄り駅		1,500m	2,400m	2,100m	800m	1,800m	1,300m
事情補正②		100/100	100/100	100/90	100/100	100/100	—
時点修正③		97.2/100	97.2/100	100/99.7	99/100	96.7/100	100/99.7
標準化補正④		100/95	100/85	100/101.7	100/87.8	100/78	100/65
地域要因	街路条件	100/102	100/104	100/105	100/100	100/95	100/101
	交通接近	100/99	100/92	100/93	100/112	100/95	100/102
	環境条件	100/100	100/100	100/100	100/100	100/100	100/100
	行政的条件	市街化区域 第一種低層 住居専用地域 100/100	市街化区域 準工業地域 100/110	市街化調整 区域 100/70	市街化調整 区域 100/70	市街化区域 工業専用地域 100/100	市街化区域 第1種住居地域 100/105
	その他	—	—	100/110	—	—	100/150
	相乗積⑤	100/101	100/105.2	100/75.2	100/78.4	100/90.3	100/162.2
試算価格 (①×②×③×④×⑤)		36,500円/㎡	44,100円/㎡	37,500円/㎡	48,100円/㎡	41,600円/㎡	42,000円/㎡

地区画整理事業に関する期間についての認識に誤りがある。

原処分庁鑑定書における取引事例比較法による試算価格と開発法による試算価格に約1.8倍もの開差があることからすれば，いずれかが客観性を有する価格とは認められない。

原処分庁の主張 本件土地の時価は，原処分庁鑑定評価額であり，請求人が本件土地の時価である旨主張する請求人鑑定評価額は，以下のとおり合理性がない。

本件土地は，仮換地指定が行われていない土地であるとしても，本件土地区画整理事業の施行地内に所在する土地であるから，本件土地の価額については，本件土地区画整理事業に基づく価格も加味して鑑定評価額を決定すべきところ，請求人鑑定書は，本件土地を一般の土地と同様に，取引事例比較法および開発法による試算価格のみを用いて鑑定評価額を決定しており，本件土地に関する事情を考慮していない。

開発法に係る宅地造成費を1㎡当たり2万8,600円としているが，実際に行われた宅地造成工事の1㎡当たりの工事費用が約1万円ないし約1万5,000円であることに比して明らかに高額であり合理性がない。

審判所の判断 請求人提出資料，原処分関係資料および当審判所の調査の結果によれば，次の事実が認められる。

本件土地は，市街化区域に所在し，建ぺい率50%・容積率100%であり，本件土地は，その南東部分の193.72㎡が27万5,000ボルトの特別高圧線下である。

本件土地の存する地域については，平成29年から同35年までの期間で，宅地造成等の土地区画整理事業が実施される予定である。

請求人鑑定書は，取引事例比較法および開発法を適用して両手法による試算価格を求めた上で，開発法による試算価格を標準とし，取引事例比較法による試算価格を比較考量して鑑定評価額を決定している。開設する道路が1本の行き止まり型開発も認められていること，および2本の道路を開設する通り抜け型に比して，1本の道路を開設する行き止まり型開発の方が，開設する道路用地の買収の実現可能性が高く，かつ，買収費用が低くなることからすると，本件土地について，通り抜け型開発を想定している請求人鑑定書における取引事例比較法はその合理性を欠いているといわざるを得ない。

本件土地は本件土地区画整理事業地内に所在することにより開発等の制限があるが，本件土地区画整理事業地内に所在することによる制限がないことを前提として開発を行うことを想定するのであれば，投下資本収益率の査定において本件土地区画整理事業に係る進捗等に係る事業リスクを加味することには合理性がない。また，請求人鑑定書は開発法による評価に際しても，通り抜け型開発を想定

＜審判所鑑定書の要旨＞

本件土地の近隣地域の標準的画地の価格を求め，その後，本件土地の個別要因に係る補正を行い，取引事例比較法による価格を試算する。

なお，当該標準的画地として，幅員 4 m 道路に接する間口 35m，奥行 70m の 2,500 ㎡程度の画地を想定した。

区分項目	基準となる土地	取引事例 1	取引事例 2	取引事例 3	地価公示地
地　目	—	雑種地	畑	雑種地	畑，その他
地　積	2,500 ㎡	1,075 ㎡	1,636 ㎡	1,751 ㎡	1,519 ㎡
取引時点	—	平成 20 年 7 月	平成 19 年 5 月	平成 20 年 3 月	平成 20 年 1 月
取引価格①	40,548 円 / ㎡	25,712 円 / ㎡	33,436 円 / ㎡	30,318 円 / ㎡	44,200 円 / ㎡
画地条件	長方形 おおむね平坦	不整形 緩傾斜 三方路地	ほぼ長方形 平　坦	不整形 平　坦 三方路地	不整形 平　坦
最寄り駅	約 1,300 ㎡	約 1,200 ㎡	約 1,800 ㎡	約 3,000 ㎡	約 1,300 ㎡
接面道路幅員等	4 m	6 m	7 m	6 m	無道路地
環境条件	戸建住宅，倉庫，林地や農地等が広がる地域 上水道引込可 特別高圧線あり	戸建住宅，共同住宅を中心に空地も残る住宅地域 上下水道あり 都市ガスあり 嫌悪施設等なし	戸建住宅を中心とした，○○勢圏の住宅地域 上下水道あり 都市ガスあり 嫌悪施設等なし	戸建住宅が立ち並ぶ区画整然とした住宅地域 上下水道あり 都市ガスあり 嫌悪施設等なし	農家住宅，一般住宅，畑，倉庫等が混在する地域 上下水道引込可 嫌悪施設等なし
宅地造成条件	造成難易度普通 有効宅地化率普通	造成難易度普通 有効宅地化率優る	造成難易度普通 有効宅地化率普通	造成難易度普通 有効宅地化率優る	造成難易度普通 有効宅地化率普通
行政的条件 (建ぺい率・容積率)	市街化区域 第 1 種低層住居専用地域 (50%・100%)	市街化区域 第 1 種低層住居専用地域 (50%・100%)	市街化区域 第 1 種低層住居専用地域 (50%・100%)	市街化区域 第 1 種低層住居専用地域 (50%・150%)	市街化区域 第 1 種住居専用地域 (60%・200%)

し，開発する道路用地の買収価格については宅地価格を基に算定しているが，本件土地について通り抜け型開発を想定すること，道路用地の買収価格について宅地価格を基に算定することに，いずれも合理性がない。

以上のとおり，請求人鑑定書は合理性を欠く点が認められるから，請求人鑑定評価額は，本件土地の時価を適切に示しているものとは認められない。

原処分庁は，取引事例比較法および開発法による試算価格のほか，土地区画整理事業に基づく価格を求め，これらの価格の中庸値により鑑定評価額を決定している。

当審判所において調査したところ，原処分庁鑑定書の採用した取引事例比較法における取引事例地は，取引事例3および取引事例4は，建物の建築を目的とする土地の区画形質の変更等の開発行為が原則として禁止される市街化調整区域に所在し，取引事例5は，原則として住宅の建築が禁止されている工業専用地域に所在する。

取引事例比較法の適用については，本件土地と状況の類似する土地の取引事例を採用する必要があるところ，上記のとおり，取引事例3および取引事例4の二事例は，宅地化が原則として禁止されている市街化調整区域内に存すること，取引事例5は，住宅の建築が禁止されている工業専用地域に所在することからすると，原処分庁鑑定書が採用した取引事例1ないし5の五事例のうち三事例は，戸建住宅用地として開発することが最有効使用である本件土地と状況の類似する土地の取引事例として相当でない。

以上のとおり，原処分庁鑑定書は合理性を欠く点が認められるから，原処分庁鑑定評価額は，本件土地の時価を適切に示しているものとは認められない。

当審判所において，本件土地に係る鑑定評価を依頼した結果，その不動産鑑定評価額（以下，「審判所鑑定評価額」という）は1億2,200万円であった。

審判所鑑定書は，取引事例比較法および開発法による二手法を適用している。

取引事例比較法の適用については，本件土地の存する地域と状況が類似する地域において，本件土地と状況が類似する土地の取引事例等を採用する必要があるところ，採用された各取引事例等は，いずれの条件も満たす土地であり，また，当該各取引事例等に係る取引価格について地域要因，個別要因等の諸条件の格差の補正を行って取引事例比較法による価格が算定されており，審判所鑑定書における判断過程を不合理とすべき事由はない。

開発法の適用については，本件土地を戸建分譲用に開発した場合における各分譲用地の価格を近隣の状況の類似する宅地の取引価格等から算定した上で，当該各分譲用地の更地価額の合計額から開発に係る宅地造成費，販売費及び一般管理費等の通常の附帯費用のほか，本件土地から本件市道に対して開設する道路用地の買収費用を控除して算定されており，審判所鑑定書における判断過程を不合理とすべき事由はない。

また，上記の本件市道に対して開設する道路用地の現況は山林であるから，山林としての価格を前提とすべきこと，行き止まり型開発の方が，開設する道路用地の買収の実現可能性が高く，かつ，買収費用が低くなることから，通り抜け型開発よりも合理性があることは，審判所鑑定書においては，当該道路用地の買収費用について，行き止まり型開発を想定した上で，当該道路用地の現況である山林としての価格に買い進みを考慮した金額としており，この点でも合理性がある。また，本件土地の開発に係る宅地造成費については，本件土地と位置および地勢等の状況の類似する工事実例等を基に求めた本件土地等に係る宅地造成費に，本件市道に上下水道等の施設が埋設されていないことによる当該施設の延長工事費用を加算して算定しており，合理性があるものと認められる。

審判所鑑定評価額は，取引事例比較法および開発法による試算価格を再吟味した上で，開発法による試算価格を中心とし，取引事例比較法による試算価格を比較考量して決定しており，その過程を検討しても，その合理性を疑わせる点は認められないから，審判所鑑定評価額1億2,200万円は本件土地の時価として適正なものと認められる。

請求人の申告における本件土地の評価通達に基づく価額は，本件土地の一部が特別高圧線下の土地であることについての補正がされていないが，本件土地の一部は特別高圧線下地であることにより，建物等の建築が禁止されているから，評価通達25の(5)の定めにより，自用地としての価額から評価通達27-5に定める区分地上権に準ずる地役権の価額を控除して評価することが相当である。そして，当審判所において算定した本件土地の評価通達に基づく価額は8,840万8,975円となる。そうすると，本件土地については，時価を上回る等の評価通達によらないことが相当と認められる特別の事情がないから，本件土地の価額は評価通達により評価することが相当である。

コメント 本件土地は地積2,680㎡，台形状のほぼ平坦な林地で，土地区画整理事業地内に存する無道路地である。なお，市街化区域に所在し，第一種低層住居専用地域（建ぺい率50%・容積率100%）である。

無道路地の本件土地の価額は 4,150 万円から 1 億 2,200 万円の 5 つの価額があり，どれが本件土地の妥当な価額か考えこんでしまうかもしれない。

本件の場合，開発する道路を 1 本の行き止まり型にするのか，2 本の道路を開設する通り抜け型にするのか，どちらに合理性があるのかが論点であった。請求人鑑定評価額においては，2 本の道路を開設する通り抜け型を採用して価格を求めているが，本件土地の存する市の開発基準では開発道路 1 本の行き止まり型も可能であり，なおかつ開発にかかる費用が低くなるので用地買収費や事業リスクを勘案すれば，1 本型の方が合理性があると審判所は判断し，請求人鑑定評価額を否認した。

本件のように規模の大きな土地を評価するに当たり，市の開発指導要綱等の開発基準をよく検討・吟味する必要がある。なぜならば，価格への影響が大きいからである。

原処分庁鑑定評価額は取引事例比較法の試算において，五事例を採用して比準しているが，第一種住居地域，市街化調整区域，工業専用地域の事例を使って比準を行い比準価格を試算していることを審判所から指摘を受けた。

本件土地は第一種低層住居専用地域内に存する土地なので，取引事例・公示地は第一種低層住居専用地域内の事例等を採用して比準すべきである。審判所はその点を十分に理解してしっかり比準している。

【30】請求人は，本件土地の価額は不動産鑑定士による鑑定評価額によるべきと主張するが，本件鑑定評価額は開発法のみに基づいて決定されているので，適正な時価を示しているものとは認められないとした事例

（東裁(諸)平18第140号・平成18年12月26日）

本件土地の概要　本件土地（1,947.12㎡）は最寄り駅から約600mに位置し，幅員約11mの道路，幅員約4mの道路ならびに幅員約1.8mの通路に接する準三方路地で，間口約28m，奥行約50mの不整形地である。

・上記11m道路から20mまで…第二種中高層住居専用地域（建ぺい率60%・容積率200%）

・上記11m道路から20m以遠…第一種低層住居専用地域（建ぺい率40%・容積率80%）

請求人の主張　原処分庁が算定した本件土地の相続税評価額（評価通達の定めに基づき評価した価額をいう）は本件相続開始日の適正な時価を示しておらず，一方，本件鑑定評価額は適正であるから，本件土地の価額は本件鑑定評価額によるべきである。

本件土地については，原処分庁においても，最有効利用の観点から，標準的な宅地規模に区画割りし，分割して利用することが妥当と判断し，道路等のつぶれ地が生じることが評価の前提となっている以上，宅地造成費が生じることは自明の理である。そして，本件土地に係る宅地造成費については，①傾斜のある宅地を整地し，平坦地とするための費用，②区画割りをして道路等を入れ，排水工事等を行い，標準的な宅地とするための費用，および③周辺地と高低差があるために擁壁工事を行うための費用の三つの費用を考慮すべきである。しかしながら，上記②③の費用については，一切の考慮がなされておらず，本件土地を最有効利用するための宅地造成費としては甚だ不足であり，その財産の価額に影響を及ぼすすべての事情を考慮しているとは到底いえない。

原処分庁の主張　本件鑑定評価額は，本件相続開始日における適正な時価を示しているものとは認められない。

本件鑑定書においては，不動産鑑定評価基準に定められた手法のうち開発法の

みを採用して本件土地の価額を算定しており，取引事例に基づく比準価格および土地残余法による収益価格からの検証が行われていない。したがって，本件鑑定評価額は，不動産鑑定評価基準に準拠して作成されたものとはいえないから，本件土地の客観的交換価値を適正に算定したものとは認められない。

本件土地の相続税評価額が本件相続開始日における本件土地の時価を上回っているような特別の事情があるとは認められないから，本件土地の価額は，相続税評価額である1億6,244万5,210円によるべきである。

(中央部分の宅地の評価額)		(東側部分の畑の評価額)		(西側部分の畑の評価額)		(本件土地の評価額)
99,698,436円	＋	28,461,375円	＋	34,285,399円	＝	162,445,210円

なお，中央部分，東側部分，西側部分ともに広大地に該当し，広大地補正率を適用している。

審判所の判断

不動産鑑定評価基準は，不動産鑑定士等が不動産の鑑定評価を行うに当たってのよりどころとなる統一的基準であるところ，同基準によれば，更地の鑑定評価額は，更地ならびに自用の建物及びその敷地の取引事例に基づく比準価格ならびに土地残余法による収益価格を関連付けて決定するものとし，再調達原価が把握できる場合には，積算価格をも関連付けて決定するべきであり，当該更地の面積が近隣地域の標準的な土地の面積に比べて大きい場合等においては，さらに開発法により求めた価格を比較考量して決定するものとする旨定めている。しかしながら，本件鑑定評価額は，開発法のみに基づき決定されており，取引事例に基づく比準価格等との比較考量が行われていない。したがって，本件鑑定評価額の決定においては，不動産鑑定評価基準における手法を尽くしていないことになる。

土地の時価（客観的交換価値）を認定する方法としては，不動産鑑定士による鑑定評価等によるほか，評価対象地に関して，時間的・場所的・物件的および用途的同一性等の点で可及的に類似する取引事例に依拠し，それに比準して価格を算定する取引事例比較法があり，取引事例比較法は，市場を反映した価格が算定されることから合理性があり，相当な方法であると解される。

そこで，当審判所においても相当と認める基準である土地価格比準表に準じて，時点修正，標準化補正，地域格差および個別格差の補正を行って本件相続開始日における本件土地（本件道路部分を除く）の時価を算定すると，2億4,949万8,900円となる。

以上の結果，本件鑑定評価額は，鑑定評価の手法に不合理な点が認められることに加え，本件土地の時価が2億4,949万8,900円と算定されることからすると，本件鑑定評価額が本件相続開始日における適正な時価を示しているものとは認められない。したがって，本件土地の価額を本件鑑定評価額によるべきであるとする請求人の主張には理由がない。

原処分庁は，本件土地の相続税評価額の算定に当たり，評価単位については，本件土地の中央部分が宅地ならびに西側部分および東側部分が畑であるとして，それぞれの相続税評価額を算定し，また，西側部分および東側部分の畑については，評価上勘酌する宅地造成費を控除して，本件土地の相続税評価額を1億6,244万5,210円と算定している。

しかしながら，答述によれば，本件相続開始日現在における本件土地の現況は，全体（本件道路部分を除く本件土地および本件旧水路敷）が本件土地上に存する建物の敷地，および家庭菜園として，一体として利用されていた宅地と認めるのが相当であるから，本件土地の評価単位は1画地の宅地とするべきであり，また西側部分には多少段差が認められるものの，本件土地のほとんどの部分が平坦であるから，宅地造成費を掛酌しなければならない理由は認められない。

そこで，本件土地（本件道路部分を除く）の相続税評価額を算定すると，2億160万2,847円となる。なお，本件道路部分については，上記相続税評価額の算定の対象から除外した。また，相続税評価額の算定に当たっては，本件旧水路敷に係る権利についても本件相続税の課税価格に算入するべきであり，その価額は165万8,407円と算定した。

本件土地の相続税評価額は2億160万2,847円であるところ，本件相続開始日における本件土地の時価は2億4,949万8,900円であり，本件土地の相続税評価額が本件相続開始日における本件土地の時価を上回っていないから，本件土地の価額は相続税評価額である2億160万2,847円とするべきである。

しかしながら，評価通達の定めに基づき評価した価額（相続税評価額）が時価とみるべき合理的な範囲内にあれば，相続税法第22条違反の問題は生じないと解するのが相当であるところ，本件においては，本件土地の相続税評価額が本件相続開始日における本件土地の時価を上回っていないことから，改正前の広大地の評価方法（評価通達24-4に定める評価方法）について，一見して明らかな法解釈の誤りがあるとは認められず，本件土地の価額が相続税評価額によることについて違法性は認められない。したがって，この点に関する請求人らの主張には理由がない。本件土地の価額は相続税評価額である2億160万2,847円であることが相当である。

コメント 更地の鑑定評価額は，更地ならびに自用の建物及びその更地の取引事例に基づく比準価格ならびに土地残余法による収益価格を関連付けて決定する。再調達原価が把握できる場合には，積算価格をも関連付けて決定することになっている。また，当該更地の面積が近隣地域の標準的な土地の面積に比べて大きい場合には，開発法に基づく価格を比較考量して決定することになっている。ところが，本件は，開発法のみによって鑑定評価額を決定したので，本件相続開始日における適正な時価を示しているとは言えないと判断され，本件鑑定評価額は審判所から否認された。

本件土地は広大地が適用される土地で，なおかつ1,947.12㎡という広大な土地なので，しっかりした開発図面と開発に要する造成費用を第三者の建築士または造成に詳しい業者に依頼してその資料に基づき時価鑑定を行えば，それなりの価格がでてくるのではないかと思われる。第三者による開発図面・造成費用の見積りにこだわる理由は客観性を保つためである。

【31】課税価格に算入すべき本件土地の価額は，相続開始日における本件土地の時価を上回っていないことから，相続税評価額によるべきであるとした事例

（東裁(諸)平成18第74号・平成18年10月25日）

本件土地の概要　本件土地は，都市計画法上の用途地域の第一種低層住居専用地域に所在し，建ぺい率50%・容積率100%である。

請求人の主張　原処分は，次の理由により違法であるから，その全部を取り消すべきである。

本件鑑定評価額は，国土交通省が定める不動産鑑定評価基準に従ってすべての事情を考慮して決定されており，算定に際して用いた格差修正率および価格調整についても妥当なもので，相続税法第22条に規定する時価を表しているから，本件土地の価額は，本件鑑定評価額に基づく本件土地申告額である9,934万9,360円によるべきである。

原処分庁が主張する本件土地の時価1億6,735万3,200円は，取引事例比較法に準じた方式により算定しているが，原価方式，比較方式および収益方式の三つの方式の併用ならびに開発法を比較考量していないため，実証性および客観性に欠けている。

原処分庁の主張　原処分は，次の理由により適法であるから，審査請求を棄却するとの裁決を求める。

本件鑑定評価額は，次の理由により，本件相続開始日における本件土地の時価を示しているものとは認められない。

① 個別的要因における51/100（△49%）の格差修正率は，取引事例比較法の適用に当たり採用した三つの事例が本件土地と比較して画地規模の点で著しく異なるためであるが，このように個別的要因に係る格差率が大きい場合，不動産鑑定士の判断による査定は鑑定評価額の決定におよぼす影響が大きいため，本件鑑定評価額は実証性および客観性に欠けている。

② 本件相続開始日における本件土地の時価は，本件土地と類似する地域に存し，同程度の規模である土地に係る取引事例を基に比較して算定した1億6,735万3,200円であるところ，本件土地の評価通達の定めに基づき評価し

<本件鑑定書における取引事例比較法に基づく比準価格および規準価格>

区分／項目	取引事例 A	取引事例 B	取引事例 C	公示地
類型	建付地	建付地	更地	建付地
面積	148.01㎡	134.75㎡	125.01㎡	146㎡
取引時点	平成13年12月	平成14年1月	平成14年8月	平成14年1月
取引価格	203,365円／㎡	208,248円／㎡	205,664円／㎡	211,000円／㎡
事情補正	100/100	100/100	100/100	
時点修正	95.9/100	96.3/100	99.5/100	95.9/100
標準化補正	100/101	100/106	100/105	100/102
地域格差	100/115.5	100/115.5	100/122.5	100/125
比準試算価格	167,183円／㎡	163,802円／㎡	159,095円／㎡	
比準価格	163,000円／㎡			
規準価格				159,000円／㎡

<原処分庁算定による本件土地の時価>

区分／項目	取引事例 D	取引事例 E	取引事例 F
面積	1,645.17㎡	624.05㎡	613.5㎡
取引時点	平成14年9月	平成14年9月	平成14年7月
類型	住宅地	住宅地	住宅地
取引価格	160,391円／㎡	141,014円／㎡	118,989円／㎡
事情補正	100/100	100/100	100/100
時点修正	100/100	100/100	98.9/100
標準化補正	100/102	100/85	100/72
地域格差	100/105	100/94	100/101
個別的格差	78/100	78/100	78/100
比準した価格	116,811円／㎡	137,660円／㎡	126,224円／㎡
試算額	126,000円／㎡		
本件土地の時価	167,353,200円		

た価額は1億5,434万7,657円であり，相続税評価額によらないことが正当と是認され得るような特別の事情は認められないから，本件土地の価額は相続税評価額である1億5,434万7,657円によることが相当である。

なお，本件土地は広大地に該当すると判断し，広大地補正率を適用し本件土地の相続税評価額を1億5,434万7,657円と求めた。

審判所の判断 本件土地申告額は，本件鑑定評価額に基づいているが，本件鑑定評価額には，次のとおり，種々不合理な点が認められる。

① 本件鑑定評価額の決定において重視されている取引事例比較法に基づく比準価格については，その算定のための取引事例として，本件土地に比べていずれも画地規模が著しく小さい取引事例を採用しているが，原処分庁が採用した取引事例のように，本件土地と同様の地積の大きな土地の取引事例があるにもかかわらず，画地規模が小さい取引事例のみを採用したことについて，にわかに首肯できない。

② 公示価格との規準の選択において，本件土地の近隣には，本件土地の行政的条件（第1種低層住居専用地域，建ぺい率50%・容積率100%）とその条件をほぼ同じくする地域に公示地が存するにもかかわらず，本件土地と行政的条件が大きく異なり，かつ，その街並み等の景観も異なる地域に存する公示地を規準とすることには合理的な理由が見いだせない。

土地の時価（客観的交換価値）の認定については，不動産鑑定士による鑑定評価等によるほか，評価対象地に関して，時間的・場所的・物件的および用途的同一性等の点で可及的に類似する取引事例等に依拠し，それに比準して算定する方法である取引事例比較法には合理性があり，また相当な方法であると解される。

そして，取引事例比較法による場合，依拠する取引事例については，評価対象地と取引事例の土地との間における位置，形状，地積，地勢，接面道路，供給処理施設，公法規制等の諸条件および取引時点の相違に係る補正や修正の幅を狭め，恣意的要素を排除するため，当該事案に即したところで可能な限り，評価対象地に諸条件が合致し，取引時点が接近し，かつ，個別的事情が価格決定に寄与した度合いの小さいものとすることが相当である。各取引価格を基に，当審判所においても相当と認める基準である土地価格比準表に準じて，時点修正，標準化補正，地域格差および個別格差の補正を行って本件相続開始日における本件土地の時価を算定すると，1億7,097万1,216円となる。

以上の結果，本件鑑定評価額については，上記で摘示した種々不合理な点が認められることに加え，本件土地の時価が，上記のとおり1億7,097万1,216円と算定されたことからすると，本件鑑定評価額は，本件相続開始日における適正な時価を示しているものとは認められず，本件鑑定評価額に基づいた本件土地申告額は，本件相続開始日における適正な時価を示しているものとは認められないから，請求人らの主張には理由がない。

原処分庁は，本件土地の相続税評価額の算定に当たり，評価上斟酌する宅地造成費として1㎡当たり4,000円を控除しており，また，建築基準法第42条第2項に規定する道路に面していることによるセットバックの地積を57.58㎡としている。

しかしながら，本件土地は，そのほとんどの部分が平坦であり，宅地造成を要するものとは認められないことから，宅地造成費を斟酌しなければならない理由は認められず，また，国土調査が行われており，現況と一致していると認められる公図を基にセットバックの地積を計算すると，その地積は31.53㎡となり，これによると，本件土地の相続税評価額は1億6,175万7,547円となる。

本件土地の相続税評価額は，上記のとおり1億6,175万7,547円であるところ，本件土地の時価は，上記のとおり1億7,097万1,216円であり，本件土地の相続税評価額は，本件相続開始日における本件土地の時価を上回っていないことから，原処分庁における本件土地の時価算定に関する請求人の主張を判断するまでもなく，課税価格に算入すべき本件土地の価額は，相続税評価額である1億6,175万7,547円とするべきである。

コメント 審判所，原処分庁によれば，本件鑑定書で採用している三事例は本件土地の面積（1,328.20㎡）に比べて著しく小さい取引事例を採用し，なおかつ個別的要因の格差修正率が△49%と大きくなり，実証性に欠けるという指摘を受けている。本件鑑定書をみてみると，148.01㎡，134.75㎡，125.01㎡と小さい。それに反し，原処分庁算定の比準をみれば取引事例は1,645.17㎡，624.05㎡，613.5㎡と面積の大きな取引事例である。また，審判所も1,677.28㎡，1,701.82㎡，

624.05㎡と面積の大きな事例を採用し，比準を行って個別的要因の個別格差も△ 19 と小さい。不動産鑑定評価基準において，取引事例は類似性のある取引事例を採用することと記載がある。規模の大きな土地を評価する場合には，同規模の取引事例を採用することは必須である。

審判所は本件鑑定評価書について，本件土地は第 1 種低層住居専用地域に存するにもかかわらず，同地域の公示地を採用せず行政的条件や街並み等が異なる公示地を採用して規準しているとも指摘している。

これは不動産の鑑定評価にあたり基本中の基本である。

【32】底地（貸宅地）を評価するにあたり，評価通達による借地権価額控除方式に合理性があるか，鑑定評価による評価に合理性があるかが問われた事例

（平成 18 年 3 月 15 日裁決・公開）

本件土地の概要 本件土地（地積 142.20 ㎡）は貸宅地で，相続開始時の年間地代は 84,000 円である。

請求人の主張 相続税法第 22 条に規定する本件土地の時価は，不動産鑑定士が行った請求人鑑定に基づく請求人鑑定評価額であり，原処分庁が行った評価通達等に基づく評価額（以下，「原処分庁評価額」という）は，次の理由により時価を超えており違法であるから，原処分の全部の取消しを求める。

① 借地権価額控除方式で求めた本件貸宅地の価額は，相続税法第 22 条に規定する時価を適正に反映していない。

② 本件土地は道路から約 0.7m 低く，利用価値が著しく低下している宅地であるにもかかわらず，原処分庁はこの減額要素を無視して評価している。

原処分庁の主張 原処分は，次の理由により適法であるので，審査請求を棄却するとの裁決を求める。

① 評価通達は合理性を有しているところ，本件土地は，評価通達により適正に評価することができる土地であることから，評価通達により難い特別の事情は認められない。

② 本件土地は，道路より若干低い位置にあるものの，付近の宅地と比較しても何ら遜色がないことから，利用価値が著しく低下しているとは認められない。

審判所の判断 原処分関係資料および当審判所の調査の結果によれば，次の事実が認められる。

① 本件土地は，相続開始時点において，○○所有の建物（居宅）の敷地として利用されていた。

② 被相続人は，○○と昭和 37 年 4 月 1 日付で建物の所有を目的とする本件土地の土地賃貸借契約を締結している。この土地賃貸借契約では，借地契約の期間は 5 年となっているが，その後自動更新され現在に至っている。

＜底地価格の算定＞

項目		請求人主張額
地代徴収権の現在価値	年間地代	84,000円
	複利年金現価率	10.771386
	利回り	7.074%
	残存期間	21年
	地代徴収権の現在価値（年間地代×複利年金現価率）	904,796円
完全所有権への復帰への期待性の現在価値	更地価格	9,755,000円
	複利現価率	0.238032
	利回り	7.074%
	残存期間	21年
	完全所有権への復帰への期待性の現在価値（更地価格×複利現価率）	2,322,002円
底地価格（地代徴収権の現在価値＋完全所有権への復帰への期待性の現在価値）		3,227,000円
補正事項	○○用地取引倍率との比較による減価	30%
	○○用地との比較による市場性の減退による減価	40%
鑑定評価額｛底地価格×（1 － 0.3）×（1 － 0.4)｝		1,355,000円

＜原処分庁における評価通達等に基づく評価額算定の概要＞

<table>
<tr><th>項　目</th><th>金　額</th><th colspan="4">算　定　根　拠　等</th></tr>
<tr><td rowspan="2">正面路線価</td><td rowspan="2">92,000円／㎡</td><td colspan="4">画　地　調　整</td></tr>
<tr><td>奥行価格補正率（注1）</td><td>1.00</td><td>不整形地補正率（注2）</td><td>0.98</td></tr>
<tr><td>自用地の価格</td><td>90,160円／㎡</td><td colspan="4">92,000円／㎡×1.00（奥行価格補正率）×0.98（不整形地補正率）</td></tr>
<tr><td>自用地の評価額</td><td>12,820,752円</td><td colspan="4">1㎡当たりの自用地の価格×142.20㎡</td></tr>
<tr><td>相続税評価額</td><td>8,974,526円</td><td colspan="4">自用地の評価額×｛1 － 0.3（借地権割合)｝</td></tr>
</table>

（注1）　本件土地の間口距離は8.8m，奥行距離は16.1mである。

（注2）　不整形地補正率の計算

・想定整形地の地積＝8.8m＜想定整形地の間口距離＞×19m＜想定整形地の奥行距離＞＝167.2㎡

・がけ地割合＝（167.2㎡＜想定整形地の地積＞ － 142.20㎡ ＜本件土地の地積＞）/167.2㎡＜想定整形地の地積＞≒14.95%　（地積区分・普通住宅地区A）

・不整形地補正率0.98×間口狭小補正率1.0 ＝ 0.98

・奥行長大補正率1.0×間口狭小補正率1.0 ＝ 1.0
＜0.98と1.0のいずれか低い率→0.98＞

請求人鑑定は，鑑定評価額を135万5,000円と決定している。そこで，以下その内容について検討する。

請求人鑑定は，地代徴収権の現在価値を求める場合の複利年金現価率および完全所有権への復帰への期待性の現在価値を求める場合の複利現価率の算定根拠として，利回りとして7.074％を採用している。ここで，地代徴収権の現在価値を求める場合の複利年金現価率の算定根拠となる利率は還元利回りであり，完全所有権への復帰への期待性の現在価値を求める場合の複利現価率の算定根拠となる利率は割引率であると解されている。

そして，還元利回りとは，不動産から得られる収益を不動産の価額で割った利回りをいい，割引率とは，将来発生する金額をその不確実性等を反映させて現在価値に割り戻すために使われる利率をいい，資金をいくらで運用することができるかという収益率としての概念と，将来の不確実性を反映させるという概念の両方を含んでいるものと解されている。

そうすると，還元利回りと割引率は異なる性質のものであり，その利率も異なるものと考えられるところ，請求人鑑定は，還元利回りおよび割引率の算出に当たり同一の率7.074％を採用していることからすれば，その算出の基礎とした利回りは適切なものとは認められない。

請求人鑑定は，地代が年率4％程度上昇するとし，仮に返還となった場合でも土地区画整理事業等の手法により更地が入手できることから，取引倍率との比較による30％の減価，さらに市場性の減退があるとして40％の減価をしている。

しかしながら，その特殊な利用目的から代替性に乏しく，賃貸人である地主は地代の値上げが比較的容易であるといえる反面，賃借人はその特殊な利用目的のため土地を借り上げることが可能であるという特色を反映し，その価格は地代徴収権のみに着目して年間地代に一定の倍率を乗じて価格形成される傾向があるといわれている。一方，底地価格は，上記のとおり単なる地代徴収権だけではなく，むしろ将来借地権を併合して完全所有権とする潜在的価値に着目して価格形成されているのが一般的と認められる。したがって，底地価格は，一般的に地代徴収権のみに着目して価格が形成されるものではないことから，比較することに合理性は認められない。上記によれば，請求人鑑定における比較による減価は相当とは認められない。

請求人鑑定は，本件土地の形状が不整形であることから端画地の価値率を10

%として不整形地減価率を算定している。この端画地の価値率を10%とした根拠については，具体性に乏しいといわざるを得ない。したがって，不整形地減価率は相当とは認められない。請求人鑑定評価額が相続税法第22条に規定する時価であるとの請求人の主張には理由がない。

本件土地について評価通達により難い特別の事情は認められず，評価通達に定める評価方法は上記のとおり合理的と解されていることからすれば，原処分庁評価額は相当である。

さらに，請求人は，本件貸宅地には，底地と借地権とが併合されて完全所有権が復活する可能性がないため借地権価額控除方式により難い特別の事情があること，および売買実例による底地の売買価額が，借地権価額控除方式に基づく評価額を下回っていることから借地権価額控除方式は相続税法第22条に規定する時価を適正に反映していないので違法である旨主張する。

しかしながら，本件土地の地主と借地人との関係は上記のような関係にあること，および本件土地に隣接し賃貸借関係が類似する土地は平成15年3月に請求人が借地人から建物を購入することにより完全所有権となっていることからすれば，借地権を併合して完全所有権となることを妨げる特別の事情は認められない。さらに，売買実例の売買価額にはその取引の個別の事情が反映されているため，売買実例の売買価額をもって直ちに客観的交換価値である時価とみることはできないことから，請求人の主張には理由がない。

コメント　本件土地の底地価格を求めるにあたり，借地権価額控除方式を採用するか否かは，本件土地の周辺で底地と借地権の併合の可能性があるか否かである。

本件の場合，「本件土地に隣接し賃貸借関係が類似する土地は，平成15年3月に請求人が借地人から建物を購入することにより完全所有権となっている」という。したがって，本件土地も借地権を併合して更地になる可能性が高いと審判所は判断した。よって周囲の借地権の併合の動向を注視する必要がある。

底地の評価において，特に相続税法第22条の時価を求める場合，底地と借地権とが併合される可能性があるか否かの判断が重要になってくる。借地権者が１人または１社で当該の土地上の建物に借地権者が居宅または自社ビル等を建てているケースの場合は，底地と借地権が併合される可能性が高いと審判所から判断される可能性が高いので，評価手法としては借地権価額控除方式となる。

しかし，当該土地上に高層の堅固な分譲マンションが建っていて，名義変更料等がない場合は，相続税法上の特別の事情があると判断されるので底地の収益価格をもって時価と見なされる（東裁(諸)平９第86号・平成９年12月10日非公開事例）。

したがって，その見極めが重要となってくる。本件土地の借地人および敷地上の建物の用途は何か。また，本件土地およびその周辺で借地人から建物を購入することにより完全所有権になっているか，地主が借地権付建物を買い取り完全所有権になっているかを調査する必要がある。

【33】本件各底地の価額の評価について，評価通達の定めによらないことが正当と認められる特別の事情があるか否かが争われた事例

（東裁(諸)平24第101号・平成24年11月21日）

本件土地の概要 本件被相続人は，平成16年8月19日付の遺言公正証書のとおり，請求人○○に対しては，本件A各底地を相続させる旨，請求人○○に対しては，本件B各底地を相続させる旨の遺言をしていたところ，本件相続開始日に死亡した。

本件相続に係る共同相続人は，本件被相続人の二男の請求人○○，二女の○○，三男の請求人○○および養子○○の4名である。

評価通達27の定めに基づき平成22年分財産評価基準書（路線価図）において東京国税局長が定めた本件A各底地および本件B各底地の地域の借地権割合は，いずれも70%である。

請求人らは，本審査請求において，当審判所に本件査定書等の写しを提出している。

① 本件A各底地に係る○○による平成22年6月21日付の「価格査定」と題する書面……査定価格として25,700,000円と記載されている。

② 本件A各底地に係る○○による平成22年6月16日付の「買付証明書」と題する書面……売買価格28,000,000円で買い受ける旨が記載されている。

③ 本件B各底地に係る本件法人による平成22年7月1日付の「不動産買付証明書」と題する書面……売買価格○○○円で買い受ける旨が記載されている。

④ 本件B各底地に係る○○による平成22年6月21日付の「価格査定」と題する書面……査定価格として26,200,000円と記載されている。

⑤ 本件B各底地に係る○○による平成22年6月16日付の「買付証明書」と題する書面……売買価格28,000,000円で買い受ける旨が記載されている。

請求人らは，本審査請求において，本件A各底地および本件B各底地について，平成23年8月23日付の不動産鑑定評価書（以下，「本件鑑定評価書」という）を提出している。

請求人の主張 本件各更正の請求における本件A各底地および本件B各底地の各土地の価額は，本件相続開始日における時価であって，当該各価額は本件A各底地および本件B各底地の評価通達の定めに基づき評価した価額を下回るから，本件には，評価通達の定めによらないことが正当と認められる特別の事情がある。したがって，本件A各底地および本件B各底地の各土地の価額は，いずれも本件各更正の請求におけるものとすべきである。

本件各更正の請求における本件A各底地および本件B各底地の各土地の価額が時価であるといえるかどうかは，他の売買事例との比較および不動産鑑定士等の精通者からの意見聴取などによって課税実務上判断することになるが，本件においては，本件査定書等および本件鑑定評価書により，当該各価額が本件A各底地および本件B各底地の各土地の本件相続開始日における時価であることを証明している。原処分庁は，本件査定書等は本件A各底地および本件B各底地の買受希望価額等を示したものである旨主張するが，一般素人ではない底地買取業者が発行する買付証明書などの金額は考慮すべきものである。

原処分庁の主張 本件各更正の請求における本件A各底地および本件B各底地の各土地の価額は，本件相続開始日における時価であるとは認められず，本件A各底地および本件B各底地の各土地の時価が評価通達の定めによる価額を下回っているとは認められない。したがって，本件には，評価通達の定めによらないことが正当と認められる特別の事情はないから，本件A各底地および本件B各底地の各土地の価額は，いずれも評価通達の定めに基づき評価した価額とすべきである。本件査定書等は，本件A各底地および本件B各底地に係る個々の土地の価額の算定根拠が明らかではなく，本件A各底地および本件B各底地のそれぞれの契約ごとの合計地積に係る査定額および買受希望価額を示したものにとどまるというべきであり，本件査定書等が，本件A各底地および本件B各底地に係る個々の土地について，本件相続開始日における時価を証明しているものとまでは認めることができない。

審判所の判断 本件の場合，本件A各底地および本件B各底地の各土地の自用地（更地）としての価額について，評価通達の定めによらないことが正当とされるような特別の事情は認められない（この点については，請求人も争っていない）。

本件A各底地および本件B各底地の地域は借地権の取引慣行が成熟している

＜本件A各底地の一覧表＞

順号	所在・地番・種類	地積（㎡）	鑑定評価額（円）		
			割合方式による底地価格	収益価格	評価額
1	（宅地）	161.64	(66,200,000) 7,900,000	6,600,000	7,400,000
2	（宅地）	108.28	(41,900,000) 5,000,000	4,600,000	4,800,000
3	（宅地）	82.15	(38,100,000) 4,600,000	3,400,000	4,100,000
4	（宅地）	56.21	(26,100,000) 3,100,000	2,200,000	2,700,000
5	（宅地）	66.53	(29,900,000) 3,600,000	2,600,000	3,200,000
6	（宅地）	91.32	(36,200,000) 4,300,000	3,600,000	4,000,000
7	（宅地）	33.14	(14,000,000) 1,700,000	1,300,000	1,500,000
小　計		599.27			27,700,000

地域であり，本件A各底地および本件B各底地の各土地については，借地権者への売却または交換によって，おおむね完全所有権とすることが実現している。これらのことからすれば，本件A各底地および本件B各底地については，評価通達25が底地の価額を借地権価額控除方式により評価することとした趣旨が妥当する場合に当たるというべきである。

また，評価通達27の定めに基づく本件A各底地および本件B各底地の地域の借地権割合はいずれも70%であるところ，当審判所の調査の結果によっても，当該借地権割合の決定に合理性を欠くような事情は認められないばかりか，実際に行われた売買においても，評価通達に基づき，借地権割合が70%であることから底地の割合の基準は30%とされており，借地権価額控除方式を用いた場合において，借地権割合を70%とすることにつき，当該財産の客観的交換価値と乖離した結果を招き，そのために，実質的な租税負担の公平を著しく害し，法の

＜本件Ｂ各底地の一覧表＞

順号	所在・地番・種類	地積（㎡）	鑑定評価額（円）		
			割合方式による底地価格	収益価格	評価額
1	（宅地）	95.24	(41,800,000) 5,000,000	3,700,000	4,500,000
2	（宅地）	99.30	(45,400,000) 5,400,000	3,900,000	4,800,000
3	（宅地）	66.12	(31,100,000) 3,700,000	2,600,000	3,300,000
4	（宅地）	95.83	(45,100,000) 5,400,000	3,700,000	4,700,000
5	（宅地）	122.69	(56,100,000) 6,700,000	4,800,000	5,900,000
6	（宅地）	130.46	(63,200,000) 7,600,000	5,000,000	6,600,000
小　計		609.64			29,800,000

趣旨および評価通達の趣旨に反することとなるといった事情は認められない。

したがって，請求人が売却先の選択や交渉に当たって○○社から交付を受けた本件査定書等に記載された本件Ａ各底地および本件Ｂ各底地の金額が，相続税法第22条に規定する「時価」を証明するものと認めることはできない。また，本件鑑定評価書は，鑑定評価額について，底地を第三者が取得する場合の正常価格とするものであるところ，本件Ａ各底地および本件Ｂ各底地のように13物件の底地が市場に流通した場合の主たる市場参加者は不動産業者であるとの前提に立ち，本件における適正な底地割合（底地取引価格の更地価格に対する割合）を12％と査定している。つまり，本件鑑定評価書は，他方で，本件Ａ各底地および本件Ｂ各底地に係る不動産市場における底地取引の実態は，土地利用が制限されている借地権者が完全所有権（更地）への復帰を目的として当該土地を取得することがほとんどであることを前提としながら，この場合，限定価格になるとして，これを採用していない。また，本件鑑定評価書は，不動産業者の取得価格について，利潤を確保しなければならないために，取得価格はいわゆる仕入価格となり，借地権者が当該底地を取得する場合の価格より低くなることを前提としている。そうすると，結局，本件鑑定評価書による鑑定評価額は，不動産業者である○○に対して本件A各底地合計7物件および本件B各底地合計6物件をまとめて売却するという，請求人が選択した売却方法における価額を求めたものにすぎない。したがって，本件鑑定評価書に記載された本件A各底地および本件B各底地の金額が，相続税法第22条に規定する「時価」を証明するものと認めることもできない。よって，請求人らの主張はいずれも理由がなく，上記の判断に影響するものではない。

以上のとおり，本件A各底地および本件B各底地の各土地について評価通達に定められた評価方式を適用することにより，実質的な租税負担の公平を著しく害し，法の趣旨および評価通達の趣旨に反するなどの事情は認められず，評価通達の定めによらないことが正当と認められる特別の事情は認められないから，本件A各底地および本件B各底地の価額は，いずれも評価通達の定めに基づき評価した価額とすべきである。

上記のとおり，請求人らの主張にはいずれも理由がなく，他に請求人らの納付すべき税額を減少すべき事由も認められないから，本件各通知処分は適法である。

コメント　請求人は，相続後に不動産業者に売却した価額をもとに算出した価額が時価であると主張する。その時価は，不動産業者からの買付証明書および本件不動産鑑定評価額により証明できるという。

しかし，審判所は，「本件不動産鑑定評価額は，不動産業者である本件法人に対して……6物件をまとめて売却するという，請求人らが選択した売却方法における価額を求めたものにすぎない。……したがって底地の価額が，相続税法第22条に規定する「時価」を証明するものと認められることができない」と断定した。

すなわち，本件不動産鑑定評価額の価額の種類は正常価格というが，底地を第三者が取得する場合の正常価格ではないので，相続税法第22条に規定する時価には該当しないと審判所はいっているのである。

評価通達のいう底地の価額は，宅地の自用地としての価額から借地権の価額を控除した金額によって評価することになっている（以下，「借地権価額控除方式」という）。なぜ借地権価額控除方式を採用しているかというと，底地価額は地代徴収権の価額のみではなく将来借地権を併合して完全所有権となる可能性があるので，その潜在的価値を含めて価格が成り立つのが一般的であるからであるという。しかし，評価通達の定めによらない特別の事情があれば，他の合理的な評価方式でもよいという。

本件においては，本件Ａ各底地および本件Ｂ各底地の地域は借地権の取引慣行が成熟している地域であり，本件Ａ各底地および本件Ｂ各底地の各土地については，本件法人による借地権者への売却または交換によって，おおむね完全所有権とすることが実現している。このような場合は，借地権価額控除方式による評価が妥当ということになる。

しかし，借地権価額控除方式による評価ではなく底地の収益価格をもって底地の時価とする裁決事例が二例（【9】，【10】）ある。これらの裁決事例の共通点は，借地上の建物が堅固な建物で，借地権付分譲マンションであること，名義書替料等の一時金がないこと，借地人が多数いること等である場合には，上記にいうところの「将来借地権を併合して完全所有権となる可能性が少ない」ことが考えられるので，審判所は底地の収益価格をもって底地の時価とした。

【34】本件土地の時価について，その土地の適正な鑑定評価額を求めることができる場合には評価通達を基として算定した価額にかかわらず，相続税法第22条の時価として採用されるべきとした事例

（東裁(諸)平12第183号・平成13年6月15日）

本件土地の概要　本件土地は，地積165.08㎡の貸家建付借地権の付着した土地である。

請求人の主張　原処分のうち，課税価格に算入する本件土地の価額の部分については，次のとおりその価額が高額であって，本件更正処分には違法があるから，その一部の取消しを求める。

本件相続開始日における本件土地の時価は，評価通達14に定める路線価が予定している20%のアローワンスを超えて下落しているから，本件土地の価額を平成8年分の路線価に基づいて評価することは著しく不合理であって，請求人が依頼した不動産鑑定士による鑑定評価額（以下，「本件鑑定評価額」という）が本件土地の時価である。

請求人は，本件相続税に係る原処分庁の職員の調査を受け，同職員から本件土地および本件土地の上に存する建物の価額を，評価通達に基づき算定して修正申告書を提出するようにと言われたが，同職員からは，請求人に対して，本件更正処分に至るまでの間に，3回にわたって価額の提示があり，その都度の提示額に最大約7,550万円の開差があった。このように，提示の都度，数千万円の幅で揺れ動く価額は信頼に値するものではない。

原処分庁の主張　原処分は，次のとおり適法であるから，審査請求をいずれも棄却するとの裁決を求める。

不動産鑑定士の鑑定評価額に基づく相続税の申告について，それが，鑑定評価額に基づくものであることを理由として不適法となるものではなく，他方，その申告が一律に適法であると解することもできず，当該申告が適法であるか否かは，その鑑定評価額の是非によるのである。また，請求人は，本件更正処分における本件土地の価額は税務相談室等の回答と異なるから，本件更正処分には違法がある旨主張するが，評価通達の定めを適用することによって相続により取得した財

産を評価することとしているのは，その財産の個別の鑑定評価額を絶対に認めないという趣旨ではないし，他方，その鑑定評価額を常に認めるということを意味するものでもない。

本件鑑定評価額は，次の理由から，本件土地の時価とは認められない。本件土地が比準する取引事例4件のうち2件の事例は，環境条件の比較において，本件土地とほぼ同一の環境条件にあると認められるにもかかわらず，格差率が存在している。また，本件土地は，環境条件の比較において，本件土地が規準する基準地価格より優れていると認められるにもかかわらず，格差率がないとしている。

審判所の判断　請求人は，本件鑑定評価額が本件土地の時価として適正であるから，本件更正処分のうち，本件土地の価額を基とした部分は違法である旨主張し，原処分庁は，本件鑑定評価額が適正と認められず，本件修正方法により本件土地の価額を評価してした本件更正処分は適法である旨主張するから，本件鑑定評価額が本件土地の時価として適正か否かについて，以下審理する。

評価通達を基として土地等の価額を算定することは，納税者がその時価を客観的かつ的確に把握することが容易ではなく，また，課税当局の事務負担の軽減，課税事務処理の迅速化および徴税費用の節減に資するとともに，課税の適正かつ公平の確保を図る観点から，納税者において当該通達を適用して土地等の時価を算定する場合には，課税当局は，原則として，これを認めなければならないと考えられるが，納税者が土地等の時価の算定を不動産鑑定士等に依頼し，その土地等の適正な個別の鑑定評価額を求めることができる場合には，その価額が適正なものである限りにおいて，当該通達を基として算定した価額にかかわらず，相続税法第22条に規定する時価として，これが採用されるべきであることは言うを待たない。

原処分庁は，上記の理由から，本件鑑定評価額は本件土地の時価と認められない旨主張する。しかしながら，当審判所の調査の結果，上記の理由は，本件鑑定評価額の全体を否定するものとは認められず，本件鑑定評価額を基とし，これらの理由を検証して補正することにより，本件土地の個別の時価は適正に算定されると認められるので，以下検討する。

請求人は，本件土地の本件鑑定評価額の基とした取引事例4件の環境条件の比較を，A事例とB事例は105分の100，C事例は130分の100およびD事例は

＜本件土地に係る比準価格の試算表（本件鑑定評価額）＞

事例	取引価格(円／㎡)	事情補正	時点補正	標準化補正	地域要因の比較						個別的要因の比較	試算値(円／㎡)
					①街路条件	②交通条件	③環境条件	④行政的条件	⑤その他の条件	総合①～⑤の相乗積		
A	2,158,985	100/120	H8.1.25 82/100	三方路 +7 100/107	100/100	100/101	100/105	100/100	100/100	100/106	標準画地 100/100	1,300,700
B	1,628,475	100/100	H8.4.15 86/100	二方路 +4 100/104	100/100	100/101	100/105	100/100	100/100	100/106		1,270,400
C	2,252,000	100/90	H7.9.6 74/100	不整形 -3 100/97	100/107	100/101	100/130	100/106	100/100	100/149		1,281,100
D	3,157,700	100/130	H8.3.5 84/100	三方路 +7 100/107	100/104	100/102	100/135	100/106	100/100	100/152		1,254,500
比準価格の決定	各事例の試算値のほぼ中庸値を採用して次のとおり査定した。比準価格：1,276,700											

＜本件土地に係る比準価格の試算表（審判所鑑定評価額）＞

事例	取引価格(円／㎡)	事情補正	時点補正	標準化補正	地域要因の比較						個別的要因の比較	試算値(円／㎡)
					①街路条件	②交通条件	③環境条件	④行政的条件	⑤その他の条件	総合①～⑤の相乗積		
A	2,158,985	100/120	H8.1.25 82/100	三方路 +7 100/107	100/100	100/101	100/105	100/100	100/100	100/106	標準画地 100/100	1,300,700
B	1,628,475	100/100	H8.4.15 86/100	二方路 +4 100/104	100/100	100/101	100/105	100/100	100/100	100/106		1,270,400
C	2,252,000	100/100	H7.9.6 74/100	不整形 -3 100/97	100/107	100/101	100/115	100/106	100/100	100/132		1,301,500
D	3,157,700	100/130	H8.3.5 84/100	三方路 +7 100/107	100/104	100/102	100/110	100/106	100/100	100/124		1,537,800
比準価格の決定	Dの事例はやや高めであるので，これを除いた3事例から求めた。 試算値のほぼ中庸値を採用して査定した。比準価格：1,290,800											

135分の100として，比準価格は127万6,700円としているが，当審判所の調査の結果によれば，各事例のうち，C事例は115分の100，D事例は110分の100であると認められ，その結果，比準価格は129万800円と認められる。

基準地価格および収益価格については，本件鑑定評価額の基とした価格が，それぞれ相当であると認められ，上記の比準価格は地域の実勢を反映した実証的な価格であり，これを重視し，基準地価格および収益価格を参考とした結果，想定標準地の価格は127万1,000円と認められる。

本件土地の更地価額は，想定標準地の価格127万1,000円から格差修正率2%を減じ，地積165.08㎡を乗じた2億562万346円となる。丙土地は，その全部が貸家建付借地権と認められることから，本件土地の価額は，上記の価額から貸家建付借地権の減額割合44%（1－借地権割合80%×（1－借家権割合30%））を減じた1億1,514万7,393円となる。

以上のとおり，本件相続税の課税価格に算入する本件土地の価額は1億1,514万7,393円と認められ，これらの金額を基として請求人の課税価格および納付すべき税額はいずれも本件更正処分の課税価格および納付すべき税額を下回るから，本件更正処分はいずれもその一部を取り消すべきである。

コメント　本件土地の時価は，請求人が依頼した不動産鑑定士に基づく鑑定評価額であると主張するが，原処分庁は，本件鑑定評価額は適正とは認められず，本件修正方法により本件土地の価額を評価した本件更正処分は適法であると主張する。

審判所は，その土地の適正な個別の鑑定評価額が求められる場合には，評価通達に基づき算定した価額によらず相続税法第22条の時価として採用されるべきであるという考えである。

審判所は調査の結果，本件鑑定評価額を基とし，本件土地の時価を検証した結果，原処分庁の主張する金額を下回るので，本件更正処分の一部を取り消すべきであるとした事例である。

本件鑑定評価額を求めるにあたり，請求人鑑定評価額は取引事例４件のうち３事例が事情補正を行っている。

事例A100/200，事例C100/90，事例D100/130である。

特に事例Dは事情補正100/130，地域格差100/152と大きく，本件土地と類似する事例とは思えないほどである。本件においては，審判所は事例Dを除いて試算している。

出来る限り事情補正のない事例を採用するとともに，地域格差が100/130以内におさまるような事例，すなわち本件土地と類似性の高い事例を採用し，比準価格の適格性を高め，信頼度を上げるように努めるべきである。

【35】相続人は遺言執行者が売却した価額を基にした鑑定評価額をもって相続税法第22条の時価と主張するも，評価通達の定めによらないことが正当と認められる特別の事情があるとは認められないとした事例

（平成24年8月16日裁決・公開）

本件土地の概要　本件相続開始日において本件土地の地積は330.57㎡（公簿）である。なお，実測面積は329.17㎡である。第1種低層住居専用地域（建ぺい率50%・容積率100%）に属する。

請求人の主張　本件土地については，本件換価価額が本件土地の客観的な交換価値を示す価額と認められるから，評価通達の定めによらないことが正当と認められる特別の事情がある。本件換価価額が相続税法第22条にいう時価であることは，本件鑑定書によっても明らかであり，本件鑑定書は以下のとおり合理的なものである。

不動産鑑定評価基準は，開発法の適用について，必ずしも大規模な土地のみに適用するものではなく，小規模な土地であっても最有効使用が区画分譲地となる場合は，適用を検討することができるとしている。本件土地は，大規模な土地ではないが，地積が約330㎡であることから最有効使用が区画分譲地とすることであり，買主が不動産業者に限定されるため，開発法を適用することが相当である。本件公示地は330㎡であり，開発行為の対象となる土地であって，その地域の標準的規模の土地とはいえないことから，その公示価格を規準とした価格には規範性に問題があるため，当該規準をしなかったことには合理性がある。

原処分庁の主張　本件土地については，以下のとおり，評価通達の定めによらないことが正当と認められる特別の事情はない。

本件売買の経緯をみると，①本件換価価額は○○社の希望するとおりの価額であったこと，②本件売買は，売主である本件遺言執行者は瑕疵担保責任を負わず，建物の解体費用および敷地内の撤去費用などは買主である○○社が負担することとされたものであったこと，および③本件遺言執行者は本件相続税の申告期限を考慮して，本件土地を10か月以内に売却する必要があると考え，実際には本件相続開始日から2か月以内に売却したことが認められ，当該各事実は，本件土地

の売却に際して売り急ぎがあったことを示すものである。したがって，本件換価価額は，相続税法第22条に規定する時価であるとは認められない。

本件鑑定書は，次のとおり合理的なものとは認められないため，本件換価価額が相続税法第22条に規定する時価であると認めるべき根拠とはならない。

① 本件土地は敷地規模が小さく投下資本収益率の査定等の精度に問題があるため，開発法が適用可能な場合とまではいえない。

② 本件土地が，○○○に所在する地積330㎡の公示地と同一路線に接し，ほぼ同一地積であるにもかかわらず，比準価格および収益価格を比較考量するにとどめて開発法による価格を重視しており，公示価格を規準しているとはいえず，不動産鑑定評価基準に照らして合理的なものとは認められない。

③ 本件公示地の公示価格および基準地価格ならびに近隣における取引事例を基に比較して求めた本件土地の実勢価格は1億1,839万1,586円であると認められる。

審判所の判断 本件相続開始日現在における本件土地および本件公示地の状況等は，次表のとおりである。

請求人は，本件土地については，本件遺言書において換価による分割方法の指

対象項目	本件土地	本件公示地
地　積	329.17㎡	330.57㎡
地　勢	平　坦	平　坦
形　状	ほぼ正方形，間口約18m・奥行約18m	ほぼ正方形，間口約18m・奥行約18m
用途区域等	第一種低層住居専用地域 建ぺい率50%・容積率100%	第一種低層住居専用地域 建ぺい率50%・容積率100%
接道状況	南西側で幅員約5mの一般市道に接面（本件公示地は本件土地の同一路線上の南方約50mに位置する）	
公示価格	――――	平成20年1月1日424,000円/㎡ 平成21年1月1日382,000円/㎡ 平成22年1月1日362,000円/㎡
正面路線価	310,000円/㎡（平成21年分）	310,000円/㎡（平成21年分）
備　考	本件土地および本件公示地を含む上記区道に接する17区画の利用状況は戸建住宅で，その敷地の地積は，うち12区画が250㎡以上，さらにそのうち9区画が300㎡以上である。	

定があり，本件遺言執行者が指定されていることから，請求人は売却に参加できないという特別の事情があり，また，本件換価価額は，本件土地が○○市で定めている開発指導要綱の適用を受ける地積300㎡以上の土地であり，最有効使用が区画分譲地であって，購入者が不動産業者に限定されるという実情に合ったところで決定されたものであるから，相続税法第22条に規定する時価である旨主張する。

しかしながら，上記のとおり，本件売買は，①本件仲介業者の判断により購入者が不動産業者に限定され，②○○社の申入れ価額のまま契約が成立したものであるところ，相続税法第22条に規定する時価とは，「不特定多数の当事者間で自由な取引が行われる場合に通常成立すると認められる価額」（客観的交換価値）を示すものであるから，「特定の者の間で限定的に行われた取引」における価額は，客観的交換価値としての前提を欠くものである。

また，相続税法第22条は，相続または遺贈により取得した財産の「取得の時」における時価を相続税の課税価格に算入されるべき価額とする旨を規定するものであるから，本件相続開始日の後にされた本件遺言書に基づく換価による分割や本件遺言執行者の指定のあることが，本件土地の価額を減ずる要因となったり，本件の「特定の者の間で限定的に行われた取引」が「不特定多数の当事者間で自由な取引が行われる場合」に該当する根拠となるものでもない。

そして，上記のとおり，本件土地の南方約50mと極めて近い同一路線上には，自然的および社会的条件からみて類似の利用価値を有すると認められる地域にあって，土地の利用状況，環境，地積，形状等が全く同一と言い得る本件公示地が，利用状況，環境等が通常と認められるものとして選定されていることや，同一路線に接する17区画の利用状況が戸建住宅で，その敷地の地積は，うち12区画が250㎡以上，さらにそのうち9区画が300㎡以上である事実からして，本件土地は，本件土地の存する地域において標準的な区画であると認められるものであるから，購入者を不動産業者とする選択があったとしても，請求人の主張するように，本件土地の取引が上記選択のみに限定されるものとまでは認められない。したがって，請求人の主張を採用することはできない。

請求人は，本件換価価額が相続税法第22条にいう時価であることは，本件鑑定書によっても明らかである旨主張する。しかしながら，本件鑑定書は，以下のとおり鑑定評価額の算定過程に不合理な点が認められるから，本件換価価額が相続税法第22条にいう時価であることを明らかにしたものとは認められない。

本件鑑定書では，本件土地の属する近隣地域を，本件土地を基点に東方約10m，西方約30m，南方約40m，北方約10mの範囲としたところで，標準的画地を，間口10m，奥行15m，面積150㎡程度の長方形の中間画地と想定しているが，当審判所の調査の結果によれば，当該近隣地域に属する土地の地積は約260㎡ないし約462㎡であることから，上記想定には合理性が認められない。本件鑑定書では，個別格差のうち，画地条件の形状について12％の減価をしているが，本件土地はほぼ正方形の土地であることから，当該補正を行う必要性が認められない。また，○○県建築安全条例第19条第1項第2号のロは，共同住宅等の居室についての規定である上，仮に，建築計画について制限を考慮するとしても，いずれも同様に当該制限が適用されるものと思料される○○市内の取引事例に基づいて査定された標準的画地と本件土地の間に補正すべき個別格差があるとは認められない。

本件鑑定書では，リーマンショックの影響について取引事例比較法における市場性減価の率および開発法における事業期間の査定で考慮されているところ，鑑定評価額の決定においてもリーマンショック直後という経済状況を加味して開発法による価格6,870万円を下方修正しているが，このように重ねてリーマンショックの影響について下方修正を行うべき理由が認められない。

異議審理庁が評価通達に基づいて算出した本件土地の価額1億204万2,700円は，当審判所の調査・審理の結果においても相当であると認められ，上記価額は，当審判所が，不動産鑑定評価基準および土地価格比準表に従い，本件公示地の公示価格に基づいて算出した本件土地の本件相続開始日の時価1億2,549万1,454円を超えるものではないから，本件土地の価額の評価において，評価通達の定めによらないことが正当と認められる特別の事情はないというべきである。

請求人の主張には，いずれも理由がなく，本件相続税の課税価格に算入されるべき本件土地の価額は，評価通達に基づく価額1億204万2,700円に措置法第69条の4第1項第2号の規定を適用した後の価額7,104万2,700円となり，当該価額を基礎として，請求人の納付すべき相続税額を計算すると，いずれも納付すべき税額と同額となるから，本件各更正処分は適法である。

コメント

① 審判所は，被相続人の遺言による換価処分に基づく本件土地の価額をもって本件土地の時価と考えるのは妥当でないと判断した。その理由は，相続税法第 22 条にいう時価とは，「当該財産の取得の時において，その財産の現況に応じ，不特定多数の当事者間において自由な取引が行われる場合に通常成立すると認められる価額，すなわち，当該財産の客観的交換価値をいうものと解される。」という。したがって，換価処分に基づく価額はオープンマーケットで決まった価額ではないからという。一応鑑定評価をとりよせているが，説得力に欠け，鑑定評価額の算定過程に不合理な点が認められるので，相続税法第 22 条にいう時価とは認めないということになった。

② 本件土地に属する近隣地域の標準的画地の地積を求めるにあたり，その地域の開発事例や周囲の利用状況，公示地・基準地等の地積の状況を調査して決めるのが一般的である。本件のように本件鑑定書では地積が 150 ㎡程度の中間画地を想定し，審判所は約 260 ㎡ないし約 462 ㎡の標準的画地を想定するも大幅な違いがでることは余りないのではないだろうか。本件土地の属する近隣地域に公示地があるようなので，本件土地と公示地の状況等を掲載した。両者は非常に類似点が多い。また，近くに存するようなので，この点は無視できないところである。審判所から指摘を受けるもやむを得ないと思う。

③ 本件鑑定書で本件土地の個別格差を△ 12%としているが，本件土地はほぼ正方形の形状なので，なぜ減価しているのか分らないと審判所は指摘する。裁決書を読む限り減価の必要性があるとは思えない。

④ 本件土地に開発法を使う必要があるのかという指摘があるが，開発法を使ってはダメという規定はないので，開発法を使うことを否定はしない。試算価格を増やして価格の検証をすることはいいことだと思う。しかし，本件の場合，開発法を使って価格は下がるかといえば何とも言えない。329.17 ㎡の土地を開発し，土地を区画しても道路に供する部

分はごくわずかと思われるし，造成費も多くは発生しないと思われる。本件土地は第１種低層住居専用地域（建ぺい率50%・容積率100%）に属し，どちらかというと住居としての快適性を求める傾向が強く，戸建住宅志向が強い地域である。収益価格は参考程度が妥当かと判断する。

【36】評価通達，固定資産評価基準および本件取扱いの定める評価方法によって適正な時価が算定出来ないような特別の事情があるとは認められないとした事例

（平成 30 年 10 月 17 日裁決・公開）

本件土地の概要　本件各土地は，第一種低層住居専用地域に所在し，本件家屋の敷地として利用されている宅地であり，その登記記録上の地積（以下，「公簿面積」という）は合計 393.44 ㎡である。なお，本件各土地の北西部分にはコンクリートの壁と屋根を有した車庫が設置されている。本件各土地の西側には，幅員 3.52m の私道（建築基準法第 42 条《道路の定義》第 2 項に規定する道路。以下，「本件接面道路」という）が存し（なお，本件接面道路の一部が本件各土地に含まれているか否かについては争いがある），接面部分には，擁壁（以下，「本件擁壁」という）が設置されている。本件各土地は，本件接面道路との接面部分の一部において，西向きに傾斜するがけ地等となっている。また，本件接面道路は南から北向きへの緩やかな下り傾斜であり，本件各土地は，車庫の敷地部分は本件接面道路と等高であるが，その他の部分は本件接面道路から約 1m ないし 1.5m 高い位置にある。

請求人の主張　原処分庁主張価額には，以下の問題点がある。これに対し，本件鑑定評価等は，これらの問題点を適切に評価し，本件各不動産の評価額を請求人主張価額と同額としている。したがって，請求人主張価額を超える原処分庁主張価額は，時価を超えるものであり，原処分には本件各不動産の価額を過大に評価した違法がある。

次のとおり，本件各不動産には，評価通達の定める評価方法によっては適正な時価を適切に算定することのできない特別の事情が認められる。本件各土地は，地積 393.44 ㎡であり，標準的な画地の地積 150 ㎡の 2 倍以上の規模があるから，標準的な画地に比して市場性が劣るという減価要因がある。しかし，評価通達には，当該減価要因を反映させる定めがない。なお，本件鑑定評価等では，減価率について，市場性が劣ることや分筆等に伴い経費負担が発生することなどを勘案して判定しているものである。本件家屋は，約 30 年間空き家のまま放置された状態であったため，ガスや給水等の設備，内装等の劣化が激しく，再び住宅とし

て使用するには，修繕工事等が必要であるところ，評価通達にはこの点を反映させる定めがない。

原処分庁の主張　次のとおり，原処分庁主張価額は，本件各不動産の時価を超えるものではなく，原処分には本件各不動産の価額を過大に評価した違法はない。

○○市が，本件各土地の固定資産税の課税に際し，私道部分があるとして評価額を減額していないことからすると，本件各土地には私道負担が生じていない。したがって，原処分庁主張価額が，本件各土地につき，私道負担が生じていないものとして算定されていることは相当である。評価通達の定める評価方法による評価額は，当該評価方法によっては適正な時価を適切に算定することのできない特別の事情が認められない限り，時価を超えるものとは認められない。

これを本件各不動産についてみるに，本件鑑定評価等やこれを基礎とする請求人主張における各指摘には合理性を欠く部分があるから，これらをもって，評価通達の定める評価方法によっては適正な時価を適切に算定することのできない特別の事情があるとは認められない。

審判所の判定　国税庁ホームページのタックスアンサー「No.4617　利用価値が著しく低下している宅地の評価」には，①道路より高い位置にある宅地または低い位置にある宅地で，その付近にある宅地に比べて著しく高低差のあるものや，②地盤に甚だしい凹凸のある宅地など，その利用価値が付近にある他の宅地の利用状況からみて，著しく低下していると認められる宅地の価額は，その利用価値が低下していると認められる部分の面積に対応する価額を10%減額して評価することができる旨記載されており，課税実務においても，同様に取り扱われている（以下，当該10%減額の取扱いを「本件取扱い」という）。

本件取扱いは，その付近にある他の宅地の利用状況からみて，著しく利用価値が低下していると認められる部分のある宅地の価値に減価が生じることを考慮するものであり，当審判所もこれを相当と認める。よって，本件取扱いが適用される相続財産については，本件取扱いに定める評価方法が適正な時価を算定する方法として一般的な合理性を失わず，かつ，上記評価方法によっては適正な時価を適切に算定することのできない特別の事情の存しない限り，本件取扱いの定める評価方法によって評価を行うのが相当である。

請求人は，公図に，本件各土地と西側隣接地との間に道路の表示がないことから，本件各土地の一部が道路として利用されていることは明らかである旨主張する。しかしながら，本件各土地は，本件接面道路を含まないものとして計測すると，間口が24.35m で，奥行が北端につき 15.78m，南端につき 16.8m の台形で，これらを基に算定した地積が 396.6615 ㎡（(15.78m ＋ 16.8m) × 24.35m ÷ 2）であり，公簿面積 393.44 ㎡を上回っている。そうすると，本件各土地の一部が，本件接面道路の一部として道路利用されているとは容易には認められない。よって，原処分庁が，本件各土地につき，私道負担が生じていないものとして算定したことは相当である。

上記のとおり，原処分庁が，本件各土地につき，私道負担が生じていないものとして算定したことは相当であるから，このことや上記の本件各不動産の状況を前提に，本件各不動産を評価通達，固定資産評価基準および本件取扱いの定める評価方法によって評価すると，本件各土地の評価額は 3,748 万 1,653 円，本件家屋の評価額は 164 万 6,696 円，本件倉庫の評価額は 15 万 6,087 円となり，原処分庁主張価額と一致する。そして，本件各不動産に適用される評価通達，固定資産評価基準および本件取扱いの定める評価方法が一般的な合理性を失わず，かつ，上記評価方法によっては適正な時価を適切に算定することのできない特別の事情（以下，単に「特別の事情」ということもある）の存しない限り，原処分庁主張価額が本件各不動産の時価であると事実上推認することができる。この点，請求人は，次のとおり，本件各不動産には特別の事情が認められる旨主張するので，以下検討する。

請求人は，本件各土地は，標準的な画地の地積 150 ㎡の 2 倍以上の規模があり，標準的な画地に比して市場性が劣ることが特別の事情に当たる旨主張する。確かに，本件各土地の公簿面積は 393.44 ㎡である一方，本件各土地の東隣の公示地の地積は 165 ㎡であるから，本件各土地の地積は大きい。しかしながら，地積規模の大きな土地であることからは，売買における取引総額が高額となることが考えられ，そのことにより，想定し得る購入者の範囲が狭まるということはあり得るとしても，土地の取引価格は，その土地の存する地域の状況，当該取引の時点における経済環境等の影響を受けるものであり，最終的には取引当事者の合意によって定まるものであることからすれば，上記のように想定し得る購入者の範囲が狭まることによって，当然に当該土地の取引価格が低下するという関係にあるとはいえない。また，本件鑑定評価等は，規模の大きな土地の減価率について，本件各土地を分筆・分割して売却を行う場合に発生する費用負担の率も勘案しているが，当該費用負担の有無や額は，それらを考慮するか否かも含めて一義的に定まるものではない。

以上の諸事情に照らせば，本件各土地の規模は，特別の事情には当たらないものと認められる。当審判所の調査によっても，客観的にみて，本件擁壁の改修・補強工事が必要であると認めるに足りる証拠はないから，上記の事情は，その前提となる事実を欠くものであり，特別の事情には当たらない。

請求人は，本件家屋については，約30年間空き家のまま放置された状態であったため，再び住宅として使用するには修繕工事等が必要であること，本件倉庫については，老朽化が著しく，その敷地の最有効使用の観点から取り壊すべきものであることが特別の事情に該当する旨主張する。

そこで検討すると，固定資産評価基準第2章第2節の一の1および第3節の一の1は，木造家屋および非木造家屋の評価額のいずれについても，原則として，再建築費に，経過年数に応じた損耗の状況による減点補正率（以下，当該補正率による減価を「経年減点補正」という）を乗じるとし，当該減点補正率によることが，天災，火災その他の事由により当該家屋の状況からみて適当でないと認める場合にあっては，家屋の各部分の再建築費に損耗の程度に応ずる減点補正率を乗じた価額の合計とする旨定めている。

これを本件についてみると，本件家屋は，壁面や窓枠等にひび割れがあったり，雨樋が破損していたり，天井が抜けていたりするものの，床や柱には大きな損傷等がないため，内部の移動や風雨をしのぐことも可能であり，現に多数の荷物等が置かれ，躯体自体も保持されていることからすると，居宅としての機能を一応維持しているということができ，経年減点補正を越えて更なる減価を要するものとまでは認められない。

また，本件倉庫は，天井にベニヤ板が貼られ，床にコンクリートが打たれ，多数の段ボール箱が大きな損傷等もなく置かれていることからすると，倉庫としての機能を一応維持しているということができ，経年減点補正を越えて更なる減価を要するとは認められない。

以上のとおり，請求人の主張する本件家屋および本件倉庫の現状は，いずれも固定資産評価基準に定められた経年減点補正により評価される事情であるから，特別の事情には当たらないものと認められる。

特別の事情として請求人の主張するような事情をもって，評価通達，固定資産評価基準および本件取扱いの定める評価方法によっては適正な時価を適切に算定することのできない特別の事情があると認めることはできず，また，上記評価方法が適正な時価を算定する方法として一般的な合理性が失われているということもできない。そして，本件において，他に，上記評価方法が一般的な合理性を欠くことや，上記評価方法によっては適正な時価を適切に算定することのできない特別の事情があることを認めるに足りる証拠はない。

以上によれば，本件各不動産の時価は，私道負担が生じていないものとして，評価通達および本件取扱いの定める評価方法によって評価した原処分庁主張価額であると認めるのが相当であるから，当該評価方法によって評価した原処分庁主張価額が時価を超えるものとは認められず，原処分に本件各不動産の価額を過大に評価した違法があるものとも認められない。

コメント

請求人は，本件各土地は地積 393.44㎡であるが，標準的な画地の地積 150㎡に比べて 2 倍以上の規模があるから市場性が劣るという。また，本件家屋は約 30 年間空き家状態で再び住宅として使用するには修繕費用がかさむにもかかわらず，評価通達による評価にはこの点が反映されていないと主張する。

それに対し，審判所は標準的な画地の地積の 2 倍の規模の土地とはいえ，当然に当該土地の取引価格が低下するものではないし，本件建物は，一般的な合理性が肯定され，適正な時価と推認される固定資産税評価額に基づいて評価しているので，適正な時価を適切に算定することのできない特別の事情があるとは認めることはできないし，特別の事情があることを認めるに足りる証拠はないと判断した。

土地の地積が標準的な画地の地積よりやや大きく，道路より高低差が 1.5m ある土地が評価通達に定める評価額よりも下がる可能性があるかといえばやや難しいかなと思う。単価・総額の関係や本件土地を宅地造成し低層住宅地として区画割するのに擁壁工事や開発道路が多く必要とするでもない土地であることから勘案すれば，本件土地の減価は大幅に認めにくい一面があり，それなりの土地の減価の根拠に乏しいと審判所に指摘された。

また，相続税に関する建物の評価をするにあたり，建物の評価は基本的に固定資産税評価額によるとされている。当該建物は約 30 年もの間，空き家状態で老朽化が著しいからといって，建物の評価が零という考え方がないということに注目すべきである。

建物の評価で零とするには，それ相応の理由が必要で，約 30 年間空き家であったからというだけでは理由に乏しいという現状を認識する必要がある。

■著者紹介

小林　穂積（こばやし　ほづみ）

不動産鑑定士・宅地建物取引士

大和ハウス工業本社等を経て不動産鑑定士事務所等を設立し，現在，株式会社アプレイザル総研代表取締役。
不動産鑑定士・宅地建物取引士としての不動産に関する専門知識を活かし，相続に係る土地の時価評価，相続に絡むコンサルタント業務を得意とする。また，法人・個人所有の不動産や底地・借地権，有効活用に絡む問題解決に尽力する傍ら，執筆活動やセミナー等の講師としても活躍中である。

〈主要著書〉
『広大地評価・判定の実務』（ファーストプレス刊・2014年）
『相続問題の対策と実務』（共著）（ファーストプレス刊・2015年）
『広大地評価の重要裁決事例集』（プログレス刊・2017年）
『重要裁決事例に学ぶ《相続税》土地評価の実務』（プログレス刊・2019年）

株式会社アプレイザル総研　info@erea-office.com
〒530-0047　大阪市北区西天満1丁目10-16　企業サービスビル3階

〈ホームページ〉
アプレイザル総研公式HP　https://erea-office.com/
底地相談ドットコム　https://sokochi-soudan.com/
相続税還付ドットコム　https://souzoku-kanpu.com/

〈税理士・不動産鑑定士のための〉
重要裁決事例に学ぶ《相続税》土地評価の実務【PART❷】
――「特別の事情」と「時価鑑定」の争点

2022年9月10日　印刷
2022年9月20日　発行

著　者　小林　穂積©

発行者　野々内邦夫

発行所　**株式会社プログレス**
〒160-0022　東京都新宿区新宿1-12-12
電話03(3341)6573　FAX03(3341)6937
http://www.progres-net.co.jp
e-mail：info@progres-net.co.jp

＊落丁本・乱丁本はお取り替えいたします。　モリモト印刷株式会社

ISBN978-4-910288-28-4　C2033